伝えたい ザ・修験道

吉開《よしかい》 賢淳《けんじゅん》

文芸社

目次

一　山修行と人生と

山修行とは
負けようとする自己に
如何にして打ち克つかを
教えてくれる

山修行とは
また
底知れぬ未知の世界に
踏み入る喜びを与えてくれる

山修行とは
だが真実は苦しみと共に

登ることであり
楽しみは少ない

山修行とは
それでも
生死を超えた喜びがひとりでに
苦しみの中から湧いてくる

山修行とは
この感動は何ものにも代え難く
我等が生きている限り
永く忘れることは出来ない

山修行とは
しかし
岩峰で危ないと思った刹那に

突然ザイルが切れて宙に舞う

山修行とは
時に予期せぬことが起きる
死の淵から生還出来たのは
神仏の加護であり奇跡である

山修行とは
まさに
大峯の雪と岩との厳しさを思えば
どんな社会の辛苦にも耐えて
修験の奥義をきわめることが出来る

二　奥駈記

（熊野大峯順峰七十五靡奥駈修行復興二十五周年記念に当たり）

（一）はじめに

柳川市の吉開賢淳氏は三十六年に及ぶ柳川市役所での奉職を市民部長で辞された後、用意された市の関連先へのポストを「お世話になった市民の皆様方の血税でこれ以上禄を食むのはもうしわけない」、と市の関係先への再就職を辞退され、公僕の傍ら昭和五十七年＝一九八二年得度されている天台寺門宗の仏門生活に入られた。

先の言葉に強い印象をもっていた矢先、当会の武松会長が子息と共に会の研修旅行の下見のため、かつて豊臣氏と徳川氏の造詣の深かった滋賀県大津市の三井寺（園城寺）を訪れられた折、偶然にも十日間の荒修行の終わりに本堂（金堂）前にて汗にまみれ、虫に喰われ半ば腫れ上がった形相で経を唱えられていた吉開師とお会いしてびっくりしたと後日、伺ったのである。

ここに紹介する吉開師の奥駈記は単に宗教者の一文というよりは、仏と向かい合った人でもない、神仏でもない、その中間に位置する求道者の尊い嗚咽にも似た叫びのように聞こえるのである。

そして心が清められるのである。

柳川郷土研究会事務局長　久木山　輝明

尚、この一文は柳川郷土研究会誌『瓦版』に「奥駈記」として発表したものです。内容は天台寺門宗始まって以来の快挙である単独行による「奥駈修行満行報告」を金堂御宝前で行っていたところ、偶然にも同会長と子息がそこにお出でになり奇跡的にお会いしたことを、同会事務局長が、後で同会長から聞いて書いたものです。まさに神仏のお引き合わせともいうべき、奇跡的事例として引用させて戴きました。

(二)　役行者神変大菩薩と智証大師智恵金剛との出会いを求めて

昭和五十年五月、天台寺門宗福家俊明管長猊下の発願によって熊野大峯順峰七十五靡奥駈修行が復興されて以来、今年は二十五周年記念の年である。誠に御同慶の至りである。

今日、奥駈修行は、修験道の実践行として、天台寺門宗の一大事業となっているが、復興された当時は、熊野大峯山は長らく人跡絶えて荒廃していたという。管長猊下は、その南奥駈を余人に先駆けて復興されている。

かつて、曩祖智証大師は承和十二年（八四五）の春、役行者の遺跡を訪ねて、大峯葛城の険阻を攀《よ》じ登り、熊野三山に修験の奥義を求め分け入っておられるが、役行者が入滅されて既に百四十年も経っていたので、この当時山に入る人は殆どなく、道は鬱蒼たる老木や雑草が生い茂って不気味な空気が漂っていたという。

いずれも、実践行の枢要である修験道の復興は、天台寺門宗にとって誠に輝かしい誇りであると同時に、管長猊下の大きな業績の一つである。

ところで、私も奥駈修行には、昭和六十三年五月から参加させてもらっておりますが、大峯順峰七十五靡奥駈修行は、熊野本宮から吉野柳の宿まで約一三五キロである。

また役行者は、今から千三百年余の昔、吉野山の南方に聳える金峰山上・山上ヶ岳（大峯山）で千日の苦行に入り、その満願に過去・現在・未来の三世に亘り衆生を救済する御本尊金剛蔵王権現を感得した。そして、その姿を山桜の木に刻み、山上山下の蔵王堂にお祀りしたのがはじまりであり、現在の金峯山寺蔵王堂である。
殊に今回は、復興二十五周年を記念しての実践行である。改めていうまでもないが実践行としての在るべき姿とは何か。即ち役行者神変大菩薩と智証大師智恵金剛との出会いを求めて、熊野大峯順峰七十五靡奥駈修行復興二十五周年記念に入らせて貰った。

平成十二年七月二日（日）

先ず熊野三山へ参詣いたすべく那智山へ赴く。那智山では、初めに熊野那智大社、次いで青岸渡寺、飛瀧権現（那智の滝）へ。又新宮（新誠殿）、即ち新宮大社（熊野速玉大社）へ。更に本宮証誠殿（清浄殿）、即ち本宮大社へ。これらの熊野三山で勤行し、併せて特に今回は復興記念として、奥駈修行の満行成就を神仏に祈願した。そして、熊野本宮大社の宿泊所である瑞鳳殿に入ったが、他に宿泊者もなく、広々としたところに唯一人であった。

七月三日（月）

一時に起床。早朝から無風、夜空には満天の星が輝いていた。身支度を調え瑞鳳殿を二時に出発した。峰中、予想に反してガスが掛かって蒸し暑く七越峰まで一時間近く掛かる。真っ暗闇の中で勤行した。吹越峠から少し入り込んだ所で紛らわしい標柱があり、少々迷ったがどうにか行者堂のある吹越山の手前へ出た。行者堂で勤行した後少し明るくなってきたのでヘッドランプを消した。この後山在峠、大黒天岳へと勤行を進めた。六時、金剛多和に到着。勤行の後朝食を取り、六時半に出発した。

早朝から湿度が高く無風快晴で、気温がぐんぐん上がっていった。以前は日射病と言ったが、最近は熱中症と軽い方をいうが、その熱中症にかかった。身体が真っ赤になり、汗が滝のように流れた。足取りが眼に見えて落ちていった。八時半、やっと五大尊岳に着いて勤行を終わった時には、暑さと頭痛で朦朧《もうろう》となっていた。篠尾の辻から少し行った靡《なびき》、岸の宿跡で勤行。ここから先は大森山への登り一方となった。とうとう着ていた鈴懸衣が汗でびしょ濡れとなり、汗を吸い込んでいよいよ重くなっていった。熱中症と急登と闘いながら唯ひたすら心臓の鼓動に耐えた。どれくらい登っただろうか。意識朦朧として進まなかったが、兎に角苦労して、十一時に大森山に立っていた。勤行した後倒れ込むようにして昼食を取ったが、食べ物が喉を通らない。無理に食べたが吐き戻した。十一時五十分。立ち上がって出発しようとした処、突然方向が分からなくなった。このような暑さによる経験は初めてであった。進む方向を間違えないように注意したが、どうしても反対方向に進んでいるように思える。しかし、水呑金剛入口の所に達したので一安心した。水呑金剛の方へ向かって勤行の後出発したが、頭の中が混乱していて下りも、又少し登るのも一苦労であった。

こうして、玉置山の辻にどうにか辿り着いたが、どうやってここまで来たのかよく分からない有様であった。最もひどかったのは、玉置山への登りである。普通なら玉置山への登りは約四十分で行けるが、一時間以上もかかってしまった。二十分登っては、五分休む。この五分はまるで昏睡状態であった。やっと玉置山へ全身火達磨のように真っ赤になって到着した時、玉置神社の佐藤宮司がおられ、私の顔を見て「早いですね。まだ二時半（十四時半）ですよ」。又「六時頃に出発されたのでしょう」と言われるので、私が「いや、もっと早く発ちました」。「今日は無風快晴で、汗びっしょりです。特に暑さがひどく熱中症にやられました」と答えるのがやっとであった。それから、宮司に勤行の許しを請うて、玉置神社の拝殿に進み勤行。宮司から「今日はお疲れでしょう。早く風呂を沸かしましょう」と労いのお心を頂戴し大助かりであった。全く思いもかけぬ猛暑によって熱中症というハンディを負ってしまったのである。

しかし、修行とはこのように何らかのハンディを負って修行してこそ、他人の苦しみや痛み、辛さ、或いは人間の弱さ、哀しさが分かるのではないかと思えてきた。スポーツのようにベストの状態で臨めば、それはもはや修行でなく、近代スポーツと一緒である。「維摩経」にいう、維摩居士が病人の痛みは病人になってみなければ分からないと言っているが、そのとおりであると思う。私は初日から苦しみを強いられて、このようなことを言うのは負け惜しみと見られかねないが、本当によい修行をさせてもらったと思っている。

兎に角、今日一日をよくよく反省してみると、全く自己の弱さを知った。日頃から鍛練してきたつもりであったが、暑さの一発で脆くもガタガタに崩れた。何か暑さ対策を立てるべきであったことを痛感した。今日も宿泊者は私一人であった。

七月四日（火）

前日の暑さに懲りて零時に起床、玉置神社を一時に出発、玉石神社で勤行し終わってから、ふと杖を忘れていることに気付いた。前日の疲れが残っていたのか、荷物をその場に置いて行けばよいものを、担いだまま下の神社まで行った。それでも峰中勤行は、早朝に出発したのでどうにか今までのところ順調に進んで行った。

香精山で勤行の時、はじめて無意識のうちに「我等修行者よりも先に、衆生を救いたまえ」と祈っていることに気付いた。これまで私の過去に、このようなことがあっただろうか。そう思うと急に、何故か涙がぽろぽろと落ちた。この涙は三條錫杖から始まって、本覚讃までの読経の間とまることがなかった。やっと菩薩行の入口まで来たのかも知れないとふと思った。しかし、本当のところは、まだまだ遥かに遠く及ばぬ道であった。

確かに大乗の教えは、奇跡や不思議議を否定するところからそもそもの第一歩を踏み出す理智に澄んだ哲理である。そして信仰は自分以外のすべてのもの、生きとし生けるすべての存在に、深い理解と、愛憐の思いを抱くことなのである。他者への〝生〟の意味をよく考察すれば、自分自身の〝生存〟の意味もおのずと理解出来てくる。他者への愛に徹しぬ

けば、自分のことはしぜん、後回しになるはずで、菩薩たちがみな『おのれいまだ渡らぬ先に、衆生を彼岸に渡さん』と誓うのもそのためである。私に利他行が出来るかどうかは別として、利他行へのほんの真似事であった。それが嬉し涙となったのであろう。

ここで朝食を取った後出発したが、行く手に物凄い雷の峰が見えた。また遠雷を耳にしながらも、道は順調に進み四阿の宿跡に着いた。勤行を済ますと同時に、突然猛烈な空雷の襲来を受けた。ここで、四阿の宿跡から右に行く道をどう間違えたのか、左へ進んでしまった。行けど行けども地蔵岳には到達しなかった。これはおかしいと思いながらも確認のため進んで行くと立派な道路があった。完全な間違いに落胆は大きかったが、元に戻るしかなかった。恨むべきは自分自身であるが、世の中には、間違いは多いものである。これくらいのことでいちいち腹を立てていては修行にはならない。神仏が私に課した修行訓練だと思い直すと腹も立たなかった。人生で間違いを一生気付かずに過ごすことだってある。どんな苦しい苦労も、間違いに気付くことの方がどれだけ有り難いことか分からない。

兎に角、必死で元へ戻ると十二時であった。ロスは約三時間である。これが後々影響することになろうとは思いもしなかった。四阿の宿跡で昼食を取ったが食べ物が喉を通らず、水で無理やりに流し込んだ。これが後で胃腸を悪くする原因となった。再び雷雨の襲来、力を振り絞って立ち上がり出発した。地蔵岳の勤行中に、凄まじい嵐が来たかと思った瞬間に、物凄い雷に襲われた。樹木が雷に打たれてバリバリと真っ白になった。我ながらどうなっているのか分からなくなってしまった。狭い岩尾根の上で、避けるところは全くなく勤行を続けざるを得なかった。

しかし、我が命を神仏にお願いはしなかった。唯「衆生を救いたまえ」と祈る声がいくらか小さかったように思う。殊に、槍ヶ岳の勤行時には、雷が連続して落ちたためまさに雷と同居している有様であり、これで我が命も遂に終わりかと天を仰いだ。

散々に苦しめられた後、葛川辻へ出た。水場へ五分と書いてあったが行ってみると遥かに遠く感じる。水場へやっと着き、先ず役行者へ、次に智証大師等々へと捧げた後、私も三杯頂戴した。葛川の水は本当に美味しかった。水筒を満たして葛川辻へ戻った。

これからいよいよ笠捨山への登りである。大体登り四十分であるが、一時間掛かってしまった。水を飲んだため、また汗が出て、これが雷雨の中で、蚋《ぶよ》等の血を吸う虫を引き寄せる原因となり、また虫に襲われる結果となった。汗に濡れた体は蚋等にとっては格好の獲物であったと思う。追い払っても追い払っても容赦なく襲ってきて、顔等に噛み付いた。殺生は出来ないので、全く往生した。顔は散々に噛み付かれ眼の上や周りは腫れ上がり、眼はよく見えない状態で、まるでサーカスの道化師の顔だったと思う。ともかくも、雷は去ったが、雨に打たれながら虫たちを引き連れて先を急いだ。

八大金剛童子に着いた時、既に十五時十五分になっていた。何故こんなに時間が掛かってしまったのか。矢張り先のロスの三時間が大きかったのだ。勤行の後、蚋等の対策としてウエット・ティッシュで顔等の汗を拭き取ってみた。これによって、虫たちから襲われることは少なくなった。

十六時半、行仙の宿に着いて勤行の後、小屋の前の標識に、平治の宿まで三時間、持経の宿まで四時間と書いてあった。そこでせめて、平治の宿までと思って出発したが、途中で今日の体調ではとても無理であると判断、行仙岳の登りまで行っていたが、引き返し行仙小屋に入ることにした。小屋の中は無人で、中はきちんと整理整頓され、真ん中の囲炉裏には、薪も用意されていた。汗で濡れた鈴懸衣等の衣類を吊して干した。

今日は色々と散々な目に遭ったが、こうして生かされているだけでも幸せであると思った。宗教とは元来、人間一人一人の魂に直接結びつくはずのものである。また個人の懊悩《おうのう》の救い手として神仏は在るのであると思ってきた。しかし、今回の修行に対しては、そのような甘い考え方は通用しないということを痛感した。仏教では、他人の苦しみを救うために全能力を発揮する行為を利他行という。また、この利他行を菩薩行ともいう。

本日の出来事を再度反省してみて、修行者自身が苦しみに耐えて、ひたすら利他行のために努力する前向きの姿、そこから徐々に他人の苦しみも分かっていくのではないだろうか。苦しみや痛みを背負ってこそ、本当の菩薩行が出来るのではないかと思えてきた。

しかし、菩薩行とは、そんな生易しいものではなかった。私のそうした中途半端な気持ちは見事に打ち砕かれた。先ず道に迷ったが、その対応を神仏に見られた。また、雷の襲来の中での対応をじっと神仏は見ておられたと思う。即ち菩薩行のために、本当に一命をも投げ出せるかと。菩薩行とは、私が思うほどそんなに甘いものではなく、また簡単なものではないということをまざまざと教えられた。更に、これまでの数倍の重荷を課して、肉体的にも精神的にもギブアップするように追い詰められた上で、蚋等の虫に襲われたことを思うと、これでもかこれでもかという必要以上の追い討ちをかけられた。やはり神仏が、「お前のような中途半端な人間には、菩薩行どころか、一人の衆生も救えないよ。もういい加減に諦めろ」ということを、教えて下さったように思う。兎に角、食事を済ませて早々の就床とする。後は夢の中で、役行者や智証大師、特に浄蔵や日蔵等々にもお会いしたいと願って眠りに就いた。しかし、夢は見なかった。

七月五日（水）

少し遅らせて二時に起床した。倶利伽羅岳の状況が今少し分からなかったので、三時十五分に出発したが、行って見ると危険ケ所はなく心配する所もなかった。もう少し早く出発してもよかったと思う。

山に入って、今日で三日目である。一番体調が落ちる頃であった。それにこれまでの疲れと行程の遅れ等が重なっているため、一番の厳しさが現れる時期であると覚悟し、今日一日を乗り切れば、明日からは何とかなると心に言い聞かせた。

果たして、地蔵岳の登り辺りから体調が徐々に落ち始めた。小休止が少し多くなり、先への目標が段々と遠く感じられるようになった。自信も少しずつなくなっていった。それでも、嫁越峠、奥守岳、天狗岳と進む。このあと疲れが一段とひどくなり、喘ぐようにして靡を勤行して行った。この日も、朝露と俄か雷雨に襲われて、身体は内外から大濡れであった。石楠花岳まで来て、太古の辻がこんなに遠かったのかと改めて思った。

十六時半、やっと太古の辻に着き、勤行している最中にまたしても大雨と雷の襲来を受けた。もうこうなればなるようにしか成らないという心境となり、雨衣も着用しなかった。太古の辻を下るのが、一番苦労した。疲れた足が硬直して踏ん張りが利かなかったので、一足ごとに転けて尻餅をついた。前鬼まで二時間かかって下りた。同じ場所を服部賢秀師と一年前には、二十五分で駆け下りた自分が本当なのか。また今の自分が本当なのかと自問してみたが、やはり今の自分が「本当の自分の姿」であると思った。十八時半、やっとの思いで前鬼小仲坊に着いたが小屋は無人であった。先ず勤行した後、濡れた身体を洗い清め、濡れた鈴懸衣、手甲脚絆、シャツ、地下足袋、靴下等々を洗って干し、明日乾かない場合、そのまま着用することとした。食事も疲れて進まなかったが、明日のことを考えて食べるというよりは飲み込んだ。寝る時間が刻々と減ってゆく中で床に就いた。この夜、念願の役行者の夢を見た。しかし、役行者が恐ろしい形相で私の方へ走って来られる。避けることが出来ずに、体当たりされて跳ね飛ばされてしまった。そこで夢は終わった。

七月六日（木）

いよいよ入峰四日目である。今日が正念場である。また、奥駈行程も一番長い所である。よって、早く出発しようと思っていたが、疲れのためか寝坊して一時間遅れてしまった。更に色々と手間取ってしまい、行者堂で勤行を終えた時は、三時になっていた。どうも朝からうまくいかなかった。これでは何か起きるかも知れない予感がした。昔前鬼の中心的な拝所となっていたという場所で勤行を終えると、後は暫くは登り一方である。

真っ暗闇の中を登りながら色々と考えた。昨夜の夢の中に出て来られた役行者は、確かに一本歯の下駄であった。一般の常識からすればおかしいかも知れないが役行者はスイスイと迷いもなく走って来られたのをみると、実際的にも歩きやすいのではないかと思った。また時々暗闇の中で道が分からなくなると、福家英明先生や墨崎敬明先生の声が聞こえてきて「その道はあかん」と言われる。そこで別の道を探しながら登って行った。

こうして登っている中に、二つ岩の近くに来ていた。曙がうっすらと差し込み、二つ岩のコンガラ童子とセイタカ童子が朝霞の中に芒と輝いて見えた。行者岩はと見ると、役行者が前鬼と後鬼を従えて座っておられた。その後方に智証大師が多くの仏たちと立っておられた。役行者が静かな笑顔で「真面目に修行する者を待っていた」と。そして「一緒に祈ろう」といわれた。また、智証大師は気品に満ちた笑顔で「よく来た」といって迎えてくださった。私には少なくともそのように聞こえた。これはまさに、私だけにしか見えない幻覚や幻聴であった。私は勤行しながら、歓喜にふるえ涙が溢れてしかたがなかった。まことに得難い尊い体験である。勤行の後も暫くは夢を見ているような境地であった。今日は本当に良かったと心の底からそう思って、また登っていった。ところが、どう道を間違えたのか踏み跡を見誤って、違う谷に迷い込んでしまった。そこで、これはいけないと引き返しにかかった所で、濡れた岩苔に足が滑った。とっさに支えようとした杖がかえって災禍し、一間ばかり下の谷へ落ちてしまった。この時、左大腿部を厭というほど強打してしまった。正直言って、骨が折れたと思ったと同時に、これで満行への希望も断たれたと思った。骨折がなければと祈りながら、立ち上がろうとしたが立ち上がれなかった。兎に角、足の状態を調べたが、骨折はなさそうであり恐らく肉離れであろう。しかし、激痛で曲げることは勿論のこと動かすことも出来なかった。

そこで、仕方なく小休止を取ることとした。少し考える時間があったので、先ほどのことを含めて深く考えてみた。その結果、良いことや嬉しいこと、或いは幻覚や幻聴の後には、必ずといっていいほど、何故か痛い目に遭っている。これは一体何を物語っているのか。良いことや幻覚、またその反対の悪いことや悲しいこと等が有っても、普段の如く振る舞えということである。はしゃいだり、大喜びしたり、また悲しんだり、嘆いたりしてはならないということのようである。特にたとえどんなにすごいことをしたとしても、有頂天になったりすると、必ず天罰が下った。やはり奥駈修行とは、いつも危機に直面する厳しいものであると、肝に銘じざるを得なかった。

二十分間休んだ後、足が少し曲げられるように成ったので、足を引きずりながらまた登って行った。五時四十五分、太古の辻に着いた。勤行の後出発したが、笹竹が朝露にたっぷりと濡れていて地下足袋の中はすぐ水浸しとなった。足が水中を泳いでいるようである。六時半、深仙の宿跡に着いた。先ず灌頂堂で勤行、のち朝食にリンゴを一個食べた。その後地下足袋の水を出し、靴下を絞った。それから足の様子を調べてみた。腫れ上がって硬直していたが、大きく曲げなければどうにか歩ける状態であった。そして八時、釈迦岳。九時二十分、孔雀岳。九時五十分、仏生ケ岳と次々に達した。また少し勤行も順調に進んで行った。仏生ケ岳の下で水が出ていたので、頭襟で頂戴した。先ず役行者へ、次に智証大師等々に捧げた。最後に水筒を満たした後、三杯頂戴した。また、地下足袋を脱いで水を出し、靴下を絞った（三回目）。しかし、何度やっても同じ事なので後は水浸しのまま進んで行った。途中、弥山から来たと言う一人と出会った。十一時四十分、七面山の靡で勤行の後昼食にリンゴを一ケ食べた。

この辺りから歩行に少し自信が出てきた。しかし、体調が良くなってきたと思った瞬間に、また天罰が下るという痛い目に何度も遭っているので慎重を期した。特に汗をかかぬよう心掛け、急がず休まずで行った。十五時十分、八経ケ岳へ思ったよりも早く着いた。勤行の後直ぐ弥山へ向かった。十五時二十五分、弥山小屋の前を通りそのまま弁財天に行き勤行の後、弥山小屋に入った。

今日は道のりの長い一日であった。最初はどうなるかと思っていたが、後半は調子が出てきて弥山まで辿り着くことが出来た。これ

らはみな神仏のご加護があったればこそである。そこで、役打者や智証大師等々に手を合わせて感謝の祈りを捧げた。

小屋で、逆峰で山上ケ岳より来たという五～六人の修験者たちに「どちらからですか」と尋ねられた。そこで、「熊野の本宮からです」と答えた。相手は「ハアー、そうですか」と。また「一人ですか」と尋ねられたので、私が「そうです」というと後は沈黙で言葉は返ってこなかった。

小屋で台風三号が、まともに北上していると聞いた。そこで明日は、早立ちとすることにし、食事の後早々の就寝とする。

七月七日（金）

零時に起床し、外の状況を見た後、一時半に出発した。確かに天候は曇天でガス、台風三号の影響か少しあやしい風が有った。二時十五分、聖宝の宿跡に着いた。勤行の後理源大師像を見上げた処、今にも動き出しそうな恐ろしい顔をしておられた。それもそのはず、今年の五月、古くから理源大師には触れてはならぬと言う諺があったが、本当かどうか試しに触れてみた。果たして、諺どおり大変な目に遭った。やはり諺は守るべきものであったことを鮮烈に思い出した。その時の非礼を理源大師聖宝に謝った。

三時十五分、奥駈本道分岐点を少々行った所で小休止を取った。真っ暗闇のガスの中では、何も見えないが風の音や鳥獣の声、微かな物音など色々とよく聞こえてくる。ここを無事に通過すれば行者還岳の道へと通じていた。しかし、濃霧即ちガスがひどくて道がライトではよく見えず、大変苦労した。そこで、ヘッドランプを手に持って宝物を探すようにして踏み跡を探した。巨大な倒木等が多く道が度々消えた。その度に探しあぐねて小休止を取ると、何故か眼の前に踏み跡らしき道が現れた。そうしている中に、ライトが二度も切れて途惑った。最後の予備をリュックの中で探している内に、夜明けが近づいてきた。兎に角、夜が明けるまでは大変であった。

五時五十分、行者還の宿跡に着いた。勤行の後、登り口の階段の所で水をもらった。先ず役行者へ、次に智証大師等々に捧げた。その後水筒を満たした。七時五分、無双洞の下り口の所で朝食を取った。七時五十分、七曜岳で勤行を済ませて念仏橋の所で、下から登ってくる逆峰の修験者四人と出会った。互いに「お疲れさん」と挨拶を交わして別れた。その後台風が段々と強くなる中、大普賢岳の登り道で山上ケ岳からやって来たという神戸の山岳写真家松村武生氏と出会う。挨拶を交わし、少し立ち話をしたが同氏も熊野から吉野までの全山縦走を念願していると。今回は前鬼までとのことであった。ともに先を急ぐ身であったので、「健闘」を称えあって別れた。

九時半、大普賢岳に着いたが、強風のため勤行した後直ぐ下った。こうした中でも、峰中勤行は極めて順調に進んで行った。十一時五十五分、山上ケ岳の金峯山寺蔵王堂に着いた。同寺で満行成就の祈願と勤行した後、十二時に竹林院の宿坊に入った。ところが着くやいなや、宿坊の若い僧侶から大型台風が近づいているので、今直ぐ山を下りてもらいたいと言われた。理由を問うと、まだ十二時であり十分下る時間が有るので、そうしてもらった方が安全であると言う。

しかし、私としては、山上ケ岳までが今日の予定であり、所要時間が約十一時間掛かっている。この先、吉野まで約二十四キロはある。また途中、台風の中で何か起きるか分からない。そこで、予定どおり宿泊することとしたが、宿泊者は私一人であった。もし、下っていたら真に至難の業であったろう。

兎に角、山を下りなくてよかった。その後、台風の風がいよいよ強くなって暴風雨であった。明日の行動は、今夜と明日の状況を見た上でどうするかを決めることとした。早目の就床となったが、一晩中物凄い暴風雨でよく眠れなかった。

七月八日（土）

台風は関東へそれ、こちらへ来る見込みは少なくなった。そこで、五時に起床。衣類等は、暴風雨の湿気で全然乾かなかったので、そのまま濡れた衣類を身につけた。

六時十五分に朝食。竹林院の宿坊で勤行した後、六時半にまだ風雨の強い中を出発した。途中「講」の人たちが団体で登ってくるのに出会った。勤行も順調に進んで行った。九時、五番関（女人結界）で先行の三名のグループに追いついた。しかし、彼等が旧道へ行ったので別れ、勤行を済ませると百丁茶屋跡へ向かった。

今日は、有り難いことに散々苦しんだ足の痛みも少なく、歩行にも支障はなかった。ペースは、非常に快調であった。初日から三、四日間のことを思うとおかしくなるが、今は霊力を得たかのように自分が思ったとおりに進めるようになった。また、融通無碍というか時間配分も自由に出来るようになり、次々に向こうから目標が近づいて来た。更に、わが思いが遥か遠くまで届くようになった。この分では吉野まで十二時に着けると思った。事実そのとおりとなったが、とにかく慎重が肝要であった。途中、大天井ケ岳の第二の沢で水を頂戴した。先ず役行者へ、次に智証大師等々に捧げたのち三杯頂戴した。それ以外には一切、何も飲まず食わずで歩いた。また、勤行以外に休むこともなかったが、本当に何もなく幸いであった。しかし、これこそ神仏のご加護であると感謝した。

ところで、もう直ぐ満行出来るというのに何故か、喜びの実感が少しも湧き上がってこなかった。これは何事も一喜一憂してはならないという、今回最大の戒めの成果であり、総て普段の如く振る舞えということが肝に銘じられているためであった。

十二時十五分、吉野山の金峯神社に着き、ここで勤行した。次に十二時二十五分、水分神社で満行成就のお礼と併せて勤行する。そして十二時五十分、竹林院に着いた。先に手紙で知らせておいたが、玄関で案内を乞うと、若女将が出てこられて「まあー、お疲れさまでした。熊野からではさぞ遠かったでしょう」と。また「とにかく直ぐお上りください」と言われて困ったが、リュックを持っていかれ上がらざるを得ずいや応なく部屋へ通されたので、致し方無しと思った。先ず鈴懸衣等を干し、洗えるものは手甲脚絆、下着類、靴下、地下足袋等々と全部洗い、これらを風呂場に干した。幸いにも干したものは、翌朝迄に殆ど乾いたので大変助かった。

七月九日（日）

五時に起床し身支度等を済ませた。先ず竹林院で勤行した後、六時半に丈六山へ行き勤行する。六時四十分、金峯山寺蔵王堂へ行き山上ケ岳での満行成就祈願のお礼と併せて勤行した。八時、竹林院に一旦戻って朝食を取った。八時半に同院を出立し、吉野ロープウェイ駅へ。そして十時五分、近鉄吉野駅から京都へ向かった。途中、柳の宿跡辺りで静かに手を合わせて小声で勤行した。

これで一応、熊野大峯順峰七十五靡奥駈修行復興二十五周年記念は終わった。この後は、本山への満行報告の巡拝が残るのみとなった。

十三時半、（天台寺門宗）総本山園城寺へ到着。境内の諸堂を巡拝し、今回の奥駈修行復興二十五周年記念の満行を曩祖智証大師等々へ報告し、感謝のまことを捧げてすべてを完了した。

また本年は、役行者神変大菩薩千参百年大遠忌の年に当たり、これも併せて勤修することが出来たことはなにものにも代え難い勝縁

であった。

今回の奥駈修行復興二十五周年記念を終わって、改めて思ったことは、「修験道」即ち、修験者の修行とは、利益《りやく》を得ることではなく場合によっては、唯一つの所持物（本来無一物）をすら投げ出す覚悟を必要とする辛い、苦しい菩薩行であると同時に、衆生済度（済世利人）の利他行である。しかし神仏の恩寵は、他者への愛に徹し切った人間にこそ、惜しみなくそそがれる。奥駈修行によってもたらされる利益《りやく》とは、すなわち神仏との〝真の出会い〟をさすと言ってよいと思う。

合　掌

三　奥駈記の解説

拝啓　突然お便りを差し上げて失礼いたします。私は新宮山彦ぐるーぷに所属する者でございます。

他日、新宮山彦ぐるーぷ代表の玉岡憲明氏から送ってもらいました吉開氏「奥駈記」と著書『佛に出会う』を拝読し、大変感銘を受けましたので、お便りを差し上げた次第であります。

先ず奥駈記でございますが、私は今までいくつかの奥駈記録文を読んできたものですが、吉開氏のような修行らしい奥駈修行の物語を読んだことはありませんでした。ああ、このような修行者がまだまだいらっしゃるのだな、大峯修験道は今も生き続けているのだな、と大峯を深く愛する者として深い感動を持ちながら読ませていただきました。

私自身、十四年前に奥駈道を通しで縦走したことがあり、また、那智山青岸渡寺副住職の高木亮英師が指導する熊野修験団奥駈の先頭ペースメーカーとして八年間、奥駈の道を歩き続けてきた経験からも、吉開氏の奥駈修行がいかに困難なものであったかが推察されるのです。

また、仏道修行者として、いかに吉開氏が仏の教えに忠実に奥駈の道を歩まれたことかに深い感動を覚えました。

様々な困難の中、時には絶望を感じられながらも粘り強く歩み続けられ、疲労困憊と喉の強烈な渇きの中でも水を得られた時、役行者、智証大師に捧げた後でなければ口にされなかったことは、強い信仰心と強烈な自制心がなければ出来ないことであり、私にはとても真似の出来ないことです。

行仙宿小屋で吉開氏はご自身の菩薩行に関する認識を一変させられた旨を開陳されておりますが、自分にも菩薩行が出来る、と思い込んだその考えの甘さを強く認識されるところは、まさに菩薩行を目指す人の最も大事にしなければならない自覚ではないでしょうか。

奥駈記全編を読みながら、まあ、よくもこれだけ次から次へと吉開氏に困難が襲ってくるものだ、と呆れる思いでした。季節の温暖な時でしたらこれらの困難は一度の奥駈に二、三回というほどのものではないでしょうか。吉開氏も記されておりますが、これは本当の修行をさせるために神仏がそのような試練を与え賜われたものと私も実感いたしました。また、体調を整えてベストの状態で臨めばそれは近代スポーツと変わりない、というお言葉は修験団を率いる者として心に響きます。

猛暑の頃にそれを実践されたことのハンディの凄まじさは、熱中症にかかられたときの描写がすべてを表されていると思います。意識朦朧としながら歩かれたのがあの大峯屈指の急坂、五大尊岳の登りなのですから、あの急坂を登ったことがあり、また、本当のバテを経験した者のみがその凄まじさを実感出来ることではないでしょうか。

四阿ノ宿で道に迷って白谷林道近くまで行ってしまわれたこと、私も一度、途中まで行ったことがございますが、塔ノ谷から長い香精山までの登りの辛さを知る者のみが分かる苦行だったことでしょう。

そして、圧巻だったのが地蔵岳での猛烈な雷雨に遭われたシーンでして、その描写は凄い迫力です。雷恐怖症の私でしたら生きた心地もしなかったことでしょう。なにしろ、私は弥山から前鬼へ縦走しようとした時、雷雨注意報が出ただけで、すたこらさっさと天川に下山してしまい、弥山小屋の人たちの失笑を買ったくらいなのです。よりによってあの狭くてそそり立つ大峯随一のやせ尾根の難所で雷雨が襲うなんて、まさに神仏の与えられた試練に違いありません。我が命もこれまで、と天を仰がれたそうですが、神仏は真摯な修行者である吉開氏を見捨てるはずはなかったことでしょう。でもそのように覚悟を決められるところは、吉開氏は昔の武士のような強靱な精神力を持たれた方のように感じられました。見事なものです。

笠捨山への登りでブヨに襲われた時、不殺生の戒律を守られてそれらを振り払うことなく顔中がぱんぱんに腫れてしまったという記述には感動しました。不殺生を一つの仏教概念としてのみ捉えている仏教徒も多い中、それを雨に打たれ、疲労の極みの中で実践された吉開氏に深い敬意を表します。

もう一つ驚かされるのが、太古ノ辻へ登る途中、スリップして一時は身動きも出来ないくらいの打撲を受けられたのに、そのダメージを克服しながら弥山を目指されたことでして、初めての人ならまだしも、何度もあのコースを歩かれた吉開氏がそのとてつもなく長い距離を知りながら出発した不屈の闘志は、私たち大峯をよく知る者のみが窺い知ることと思います。

奥駈記を拝読した後に、御著書『佛に出会う』を送ってこられたのですが、一読して吉開氏のような行者が大峯奥駈をされた場合、あのような艱難辛苦を天から与えられたかが理解出来る思いでした。並ではない熟練の登山家として冬山を何度も走破してきた実績をお持ちだからこそ、天はそれに見合った修行を吉開氏に与えられたのだと思います。冬山山行のどれもが手に汗握るような危険なもの、緊張を強いられるものばかりでありながら、吉開氏が無事にそれらを潜り抜けられてきたということは、やはり強い神仏の加護があったのではないでしょうか。特に御著書の標題ともなった南アルプス間ノ岳の章の、死を目前にした体験談は印象深いものでした。人間、平常は死に対して冷静になれるものですが、いったん死を間近に意識した時、どれだけ平常心を保てるのだろうか、と常々自問している私に一つの励ましを与えてくれるものでした。もちろん、私が同じ様に死を目前にして吉開氏のように冷静になれるとは思いませんが、現に私と同じ人間がここに死を目前にして泰然どころか、喜びを持って受け入れようとした体験を持っているではないか、ということが何か私の心を勇気づけてくれるのです。これは、原初仏教経典で釈尊の生き様と教えを知った時、二千五百年前に同じ人間としてこの世に生まれてこられた方が平安な心を持ってこの世を去って行かれた、という事実に私は深い心の平安を感じ、その釈尊の教えを信ずるという信仰を生じさせてくれ以後、ずっと励まし続けられていることに似ております。

それにしても同じ山登りをするにしても、F1レーサーと初心者マークドライバーほどの隔たりがあることを冬山山行記を読みながら痛感したものです。冬山山行記の迫真の描写力は本当に素晴らしいものでした。

思想関係のことを書かれておられる章で特に私が驚いたのが、キリスト教への吉開氏の造詣の深さでございます。私は幼少の頃より青年時代までクリスチャンでして、読書も好きな方ですから聖書だけでなく、文献学、考古学的立場からのキリスト教研究書なども結構読んできておりますが、吉開氏が開陳されているキリスト教の解説は私も初耳の事柄も結構あり、私の知る限り、このような観点からキリスト教を説明された仏者（仏教学者も含みます）は阿含経の研究者、増谷文雄博士しか存じません。もちろん、他の諸仏教学徒や学者でもそれだけの知識を持ちながら、書物にはそのことを著さなかった人たちが大勢いらっしゃるだろうことは推察いたしますが。

吉開氏のこのようなキリスト教への深い理解があるからこそ、世界宗教会議についての意義をあのような説得力ある論調で述べることが出来たのだ、と思いました。世界宗教出会いの意義の解説には目を開かれる思いがしました。

また、吉開氏の歴史に対する知識と見識にも驚嘆させられます。南北朝時代の歴史的意義、なぜ豊臣秀吉の朝鮮出兵が起きたか、などに関する吉開氏の分析と解釈は大変興味深いものでした。

聖徳太子への吉開氏の高い評価は私もまさに同感でございます。あの時代に指導階級の最上位の中によくもあのような方が現れたものだと思います。我が国日本の恩人とでもいう方ではないでしょうか。太子の偉大さを漠然としか感じ取っていない人たちに多く読んで欲しい章でした。当世の日本人達はあまりにも過去の我々の大先輩たちのことをないがしろにしているように私には感じられます。今風のモラル、価値観に適合した偉人ばかりを顕彰し、それにあわないような偉人達のことは忘れ去られていくばかりとは思われませんでしょうか。

聖徳太子のような方でさえ、日本に仏教を広めた人、十七条憲法を制定した人ぐらいのことでしか一般には認識されていないのは本当に嘆かわしいことだと思います。太子の偉業の実態、詳細をもっと公教育で教えるべきだと思います。ボーダレスな時代だとか、国家、民族に囚われられないコスモポリタンをとか世間は言いますが、祖国に貢献した人を崇め敬慕するという心がなくてまっとうな世界人が出来るとは思われません。自分の父母を尊敬せず大切にしないような人が何故、他人を尊敬し大事にするでしょうか。太平洋戦争を全面的に肯定するつもりはございませんが、戦争に負けるとはこういうことなのだろうか、と時々考え込んでしまいます。

大乗仏教に関する解説類は私には少し難し過ぎまして、吉開氏のお話を理解出来たとはとても申せないような状況ですが、「中国仏教思想の受容形態」と「仏図澄の宗教活動の意義」の章はたいへん興味深く読ませていただきまして、特に仏図澄のことは印象深かったです。石虎は中国史上でも有名な残虐非道の人間ですが、我が子を身の毛のよだつようなやり方でなぶり殺しにしたその石虎が仏図澄を尊敬し、大切にしたというのは驚きでした。仏図澄のことを色々調べたくなりました。

最後に、吉開氏のような博識で合理的な理性を持たれた教養人が大乗仏教の教えを信仰し、役行者や智証大師の顕れるのを祈願しながら奥駈修行をされたという事実に、私は深く考え込まされておりますことをお伝えしたいと思います。

なお、吉開氏の奥駈記についてお願いがございます。

私は「自然と人と物の関連性を探る」という標語をモットーにしているアルバトロス・クラブという団体に所属しております。年齢、職業、宗教、国籍を様々にする人たちの集まりで、山や海などの自然から、宗教、風習、男女の違い、食文化、異文化論など様々な話題を提供し合って語り合ったり、時にはそのテーマについて実際に行動するという、いわばサロンのようなクラブです。その中に熊野という重要なテーマがありまして、熊野修験団の奥駈修行にも若干のクラブメンバーが定期的に参加しております。

そして、このクラブの有志八十名ほどで電子メールでやりとりする場、メーリングリスト（略してMLと言います）というのを結成しているのですが、ここで様々な情報や、意見、手記などを発表しあっております。そのMLに吉開氏の奥駈記を掲載させていただいてもよろしいでしょうか。今までにクラブメンバーの奥駈参加感想記や、クラブメンバーでもあった山伏の死去に関するレポートなども掲載されたことがあり、本当の修行とでも言える吉開氏のこの奥駈記をクラブの者に読んで欲しいのです。

それでは吉開氏のご健勝とご活躍をお祈り申し上げます。

敬具

平成十二年十月十八日

熊野修験団奥駈先達　森脇久雄（プロの修験者）

尚、新宮山彦ぐるーぷ会員並びに熊野修験団奥駈先達の森脇久雄氏の書簡文が、奥駈記の解説に誠に適切であると判断いたしましたので、ご本人のご了解を得て、奥駈記の解説に引用させて戴きました。ここに改めて厚く御礼を申し上げます。

四　修験道と武道との関わりについて

（熊野大峯順峰七十五靡奥駈修行復興三十周年記念に当たり）

（一）はじめに

日本武道の淵源は、修験道にありと言われて久しい。しかし、修験道の開祖は、役行者であり、武道の流派とどのような繋がりがあるのか。また、修験道の修験者を山伏とか天狗とか呼び、武道の奥義を多くの流派に伝授したと言われているが、果たして、修験道と武道との関わりは那辺にあるのか。

従って、今般奥駈修行復興三十周年記念奉納演武を行うに当たり、その辺りを考察する。

(二) 修験道と武道

(1) 修験道

修験道は、中世以来、日本人の思想に大きな影響を与えてきた。修験の「験」とは、祈禱の結果としてのしるしであり、「しるし」とは、父母所生身、即証大覚位、つまり、この身このまま、来世を待たずに、今生において覚りをひらき、仏となって（上求菩提）、生きとし生けるもの為に救いの手をさしのべられる（下化衆生）人間となることである。「修」とは、そのための努力精進であり、霊験力や呪術力を身につけることである。そして「道」とは、その方法を研究し、或いは実践するための最高の手段と方法を意味し、厳しい修行を積んで、祈ればかならず神仏の助けを期待出来るだけの法力を身につけたもの、それが験者《げんざ》であり、修験者である。

修験者は、一面では、迷える衆生であり、その迷いを克服しようと努力している修行者である。しかし、ある一面では神仏の加護と恩寵を、祈りさえすれば、いつでも「うける」ことが出来るばかりではなく、人に代わって神仏に取り次ぐことの出来る「霊媒」でもあり、「神仏そのもの」でさえある。

よく考えてみれば、まことに矛盾した存在である。しかし、役行者をはじめ優れた諸大先達は、矛盾あるものを、矛盾の侭受け入れ、矛盾なく行ずるところに凄さがあり、凡夫には到達出来ない境地である。現代人の知識や感覚では到底理解出来ないものであり、それは神仏に許された者だけの境地であるとしか言い様のないものであると近世まで日本人は考えていたのである。

修験者は、そういう力を得るために、山へ入って「山林《さんりん》抖擻《とそう》」の修行をして、霊験を証得しようとする。そこには家もなければ小屋もない。洞窟などがあれば何よりも幸いであり、木の根や石を枕に、草や土の上にごろ寝をする。それゆえに、かれらは「山伏」と呼ばれたのである。

事実、修験の行場となった山には、大峯山の〝笙の窟〟、豊前の求菩提山の〝大日窟〟や〝不動窟〟、月山の〝行者戻し〟、〝将軍の窟〟、〝父の胎内〟、〝母の胎内〟といった多くの「岩窟」があって、そこでは、多くの行者が常に参籠し、修行をしたのである。

修験道は、古く中国や朝鮮からわが国に渡来し、帰化した人々によってもたらされたところの、断片的で呪術的な密教（のち雑密教や古密教と呼ばれた）と、自然崇拝を根幹とする呪術的な、日本の固有信仰（古神道ともいう）との結びつきから始まったと言われている。

仏教は、伝播過程で中央アジアの民俗信仰と接触し、中国では儒教や道教と融合して一層複雑化したが、日本に伝来すると、民俗信仰である古神道とも習合し、後世の修験道に近い信仰形態を形成するに至ったといわれている。

とにかく、仏陀は「真理に目覚めた者」という。人生の苦しみの現実をあるがままにみつめることによって、「覚り」即ち「真理に到達」すれば、人は苦しみから解放されると説いている。

また大乗仏教は、自分一人の覚りのみを目指す保守的な仏教の立場ではなくして、自分の覚りよりも先ず多くの人々を救済に導く慈悲を実践する「菩薩」を理想とした。

このように、修験道にいう修験者の修行とは、自分の利益《りやく》を得ることではなく、場合によっては唯一の所有物（本来無一物）をも投げ出す覚悟を必要とする辛い、苦しい「菩薩行」であると同時に、「衆生済度」の利他行であるともいえる。

（以下省略）

（2）修験道と武道流派の起源

武道界を総括して明治二十八年に武徳会が結成されていますが、それ以前の初期的な武道流派の起源について考察する。

伝統的天狗のそんざいを信じてきた近世までは「天狗」は武道界の象徴であり偶像でもあった。そのいくつかの例を見てみよう。

1、武道流派の起源を「関東八流・京七流」とする伝説めいた立場をとる時、京七流の源流を牛若丸の鞍馬流として、それを天狗が伝授したとするが、この場合の天狗は鞍馬寺の毘沙門天を信奉した複数の「天狗」と解してよかろう。

2、武道伝書に多くの天狗が記載される代表的なものは次のとおりである。

○新陰流の伝書『天狗抄』なるものがある。

○タイ捨流の絵巻物の大部分は鮮やかな彩色の〝天狗図を〟もって秘奥を伝授している。

○楊心流（捕杖・柔術）にもかならず天狗を画像にすることを慣習としている。

3、天狗は恐れを知らず先駆し、汚濁を排して邪悪に対処し得るものとして、その象徴は祭礼行列の先頭を行く習慣をつくった。

4、飛行は山伏の難行の行き着く所であったが、それは武芸でも夢みた境地であった。よって、至難の克服を天狗に託していたことで、修験道と武道の指向は別のものではなかったと解してよい。

以上のことから、現在でも超人や高慢人を○○天狗と呼ぶに違和感はない。武徳と八天神社等の天狗は古くから武道の本質に迫る姿勢をもった修験道であったといってよい。

(3) 道　場

道場とは、現在武道場であることが一番多く、次いで芸術領域と精神修養の場がある。このために現代の社会通念としては、「道場即武道場」として受け止められがちであるが、武道史研究の結果は、このことはそうまで古くはない。というのは、各流派毎にその家元が設定する設備や施設が流派独自の「修養の場を道場」としたのは、江戸時代中期をあまり遡ることが出来ないからである。殊に武神を招じて聖域視する形式になったのを道場だとすると、これは更に新しく、武道精神作興のための社会的要求、即ち政治的方策としてみると、明治以降の道場がそれである。

「道場」が諸文献に見出されるはじまりは、じつは武道の世界ではなく宗教世界の「修行場」としてであった。この場合、よく知られている天台宗の「比叡山根本中堂の道場」と真言宗の「高野山を道場」とすると、平安時代の初期ということになる。

ともに俗塵を離れた雰囲気に思索と教儀・儀軌の作礼と修行を目的としたものである。

修験道でも大峯・吉野・熊野・葛城などの山岳結界をもって道場とすると、末法思想の畏怖以来すなわち平安末期以降のことであり、泰澄の白山、羽黒山などの大和系以外の道場創設からみても、鎌倉時代には主要諸山の道場はほぼ整ったとみてよい。

この道場が、神道の神籬《ひもろぎ》・神座《かみくら》・盤境《いわさか》にかかわるとすると、それは仏教伝来以前に遡り得るが、役行者以降の峰入りもこれら「霊山の道場回峰行」であったわけである。採灯護摩供の壇（壇）はこれらの道場の中心を意味し、ここで九字護身法が演じられて、武術流派成立によく取り入れたことが、弓術の儀礼（鳴弦や矢はらい）に濃厚に残っている。

壇の構成は複雑なものとされているが、宮家準の『修験道儀礼の研究』でほぼ明らかにされているし、新陰流の『新陰流道場荘厳』にも、これについて詳述されている。
1、弓術における「護身法九字の秘事」には、次のように記している

護身法（九字之事）

先浄三業印

オンソバハバシュダサルバダルマソバハバシュドカン

唵・薩縛婆縛・輸駄・薩縛・法磨・薩縛婆（縛）・輸度・唅

次仏部三昧耶印

オンタタギャトドハバヤソワカ

唵・恒他薩木都・納婆縛也・莎訶

次蓮華部三昧耶印

オンハダマドハバヤソワカ

唵・跛娜謨・納婆縛也・莎訶

次金剛部三昧也印

オンバジロドハバヤソワカ

唵・縛司盧・（納）婆縛也・莎訶

次（被甲）護身三昧耶印

オン　バ　ジ　ラ　ギ　ニ　ハ　ラ　ジ　バ　タ　ヤ　ソ　ワカ

唵・縛　日　羅　銀　尓・鉢　羅　捻　跛　跢　也・莎　訶

九字之大事

普賢三昧耶印　臨
金剛輪印　兵
外獅子印　闘
内獅子印　者
外縛印　皆
内縛印　陣
智拳印　列
日輪印　在
宝瓶印　前
隠形印　王

郵便はがき

料金受取人払郵便

新宿局承認

2524

差出有効期間
2025年3月
31日まで

(切手不要)

1 6 0-8 7 9 1

141

東京都新宿区新宿1－10－1

(株)文芸社

愛読者カード係 行

ふりがな お名前		明治　大正 昭和　平成　　年生　　歳	
ふりがな ご住所	□□□-□□□□	性別 男・女	
お電話 番　号	(書籍ご注文の際に必要です)	ご職業	
E-mail			
ご購読雑誌(複数可)		ご購読新聞 新聞	

最近読んでおもしろかった本や今後、とりあげてほしいテーマをお教えください。

ご自分の研究成果や経験、お考え等を出版してみたいというお気持ちはありますか。

ある　　ない　　内容・テーマ(　　　　　　　　　　)

現在完成した作品をお持ちですか。

ある　　ない　　ジャンル・原稿量(　　　　　　　　　　)

書　名				
お買上 書　店	都道 府県	市区 郡	書店名	書店
			ご購入日	年　　月　　日

本書をどこでお知りになりましたか?

1.書店店頭　2.知人にすすめられて　3.インターネット(サイト名　　　　　　　　)

4.DMハガキ　5.広告、記事を見て(新聞、雑誌名　　　　　　　　)

上の質問に関連して、ご購入の決め手となったのは?

1.タイトル　2.著者　3.内容　4.カバーデザイン　5.帯

その他ご自由にお書きください。

(　　　　　　　　　　　　　　　　　　　　)

本書についてのご意見、ご感想をお聞かせください。

①内容について

②カバー、タイトル、帯について

弊社Webサイトからもご意見、ご感想をお寄せいただけます。

ご協力ありがとうございました。

※お寄せいただいたご意見、ご感想は新聞広告等で匿名にて使わせていただくことがあります。

※お客様の個人情報は、小社からの連絡のみに使用します。社外に提供することは一切ありません。

■書籍のご注文は、お近くの書店または、ブックサービス(0120-29-9625)、セブンネットショッピング(http://7net.omni7.jp/)にお申し込み下さい。

二三

三小一大

刀印

是九字九曜曼陀羅也

最略時用之刀印

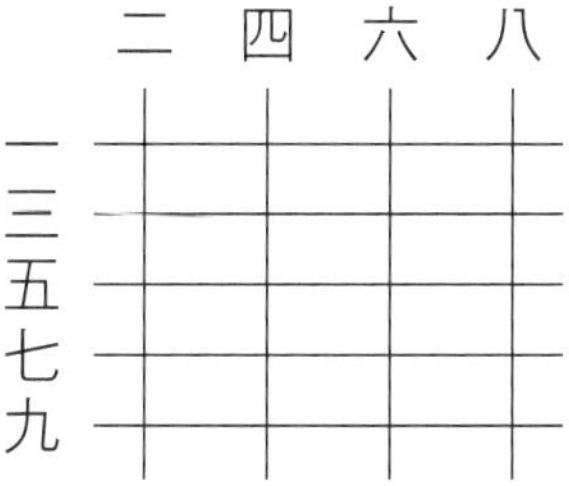

次拍掌（真言略）

次弾指（右同）

以上

延享元（一七四四）子年

授与

五月吉日

宣安

叡林示之

2、武術における「護身法兵法九字之大事」に就いては次の如くである。

護身法（兵法九字之大事）

先浄三業印

オン　ソ　バ　ハ　バ　シュ　ダ　サ　ル　バ　ダ　ル　マ　ソ　バ　ハ　バ　シュ　ド　カン

唵・薩　縛　婆　縛・輸　駄・薩　縛・達　磨・薩　縛　婆　縛・輸　度・唅

次仏部三昧耶印

オン　タ　タ　ギャ　ト　ド　ハ　バ　ヤ　ソ　ワ　カ

唵・恒　他　薩木　都・納　婆　縛　耶・娑　婆　賀

次蓮華部三昧耶印

オン　ハン　ダ　マ　ド　ハ　バ　ヤ　ソ　ワ　カ

唵・跛　娜　謨　納　婆　縛　耶・娑　婆　賀

次金剛部三昧耶印

オン　バ　ジ　ロ　ド　ハ　バ　ヤ　ソ　ワ　カ

唵・縛司盧・(納) 婆縛耶・娑婆賀

次被甲護身印

オンバジラギニハラヂパタヤソワカ

唵・縛日羅擬・鉢羅捻跛跢耶・娑婆賀

兵法九字之大事

臨　独古印

兵　金剛印

闘　外獅子印

者　内金剛印

皆　外婆縛印

陣　内婆縛印

列　智拳印

在　日輪印

前　宝瓶印

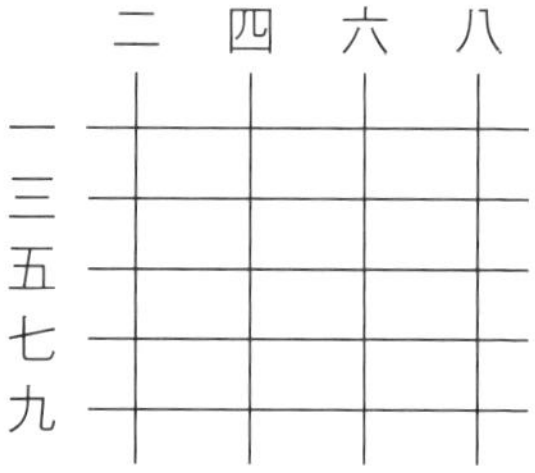

行

兵法不能害　水火不犯漂
得寿百歳　得見百秋
安隠富貴　自在婆縛（訶）
次拍掌弾指
オン・バサラタラ・ウン　ハッタ
オン・キリキラ・アラハラ　ウ・タ　ラ・ウン　ハッタ
宝暦六（一七五六）丙子歳二月吉辰
権大僧都大阿闍梨堅者法印
日音院現住義道㊞（日音院は、当時江戸に在ったが、現在は無いという）

3、印可相伝の「壇荘厳《だんしょうごん》」は、次の如くである。

四寸矢　　　日餅

幣

蟇目（之）弓

平根之矢

剣尻之矢　　月餅

脇差

ぜんまい

菓子

灯

右壇餝候間の内　四方に七五三の注連縄引き

七五三のへい（幣）有り

一　壇に水引の布有り

一　あらごろも敷く

神代与兵衛

天明六（一七八六）年　　勝知（花押）

午五月吉日

このように荘厳にされた「壇」が聖域であり、そこが「道場」であったということが出来るし、更にこの壇を中心にして四方を結界したところが道場であったという。

以上で道場と修験道との関わりを理解されたと思うが、少なくとも中世までの武術は、以上のような宗教的荘厳儀式をもつことで武道となり得る性格をもっていたとするものである。

武道の性格や概念規定は、宗教的—ここでは修験道—の壇と結界儀礼をもっかどうかの具体的把握によるものとする立場であることを付加しておかなくてはならない。

(4) 武道流派と修験道

武道の流派が成立したとされるのは、その種目によって大きな広がりを示している。すなわち、弓術・馬術では十一世紀まで遡り得て剣道がこれにつづくとされるが、その流派内容や実態などの資料は不十分であることが多い。これが武術の全領域にわたって、しかも、資料から把握出来る流派成立の時期は、したがって十五世紀から十六世紀にかけてであるとするのが通念であるとしてよい。これ以降の武術流派については確認出来る手がかりがあって、しかも戦後に急速な研究の展開があり、武道学会の成立（昭和四十三年）以降に顕著である。しかも、この武道研究の動向は他の芸能や民俗の研究、特に東京教育大から筑波大の研究グループに相響応して、実態も把握され易くなっている。そのいくつかについての変化を略述してみよう。

1、武術や武芸といわれるものが、その総合性を脱して分化した武術独自の技法に価値観を深めた時、即ちそれまでの実戦の効果を反省した立場から深化作用をはやめる。

2、新しい武器の出現とこれに伴う戦闘様式の変化を確認した時。これらの最大のものが鉄砲の使用とそれに起因した武器と防衛器具の変化が挙げられるが、具体的には、

騎乗（馬）戦から徒歩《かち》戦へ

個人戦法から集団戦へ

重装備から軽装備へ

中核武器の刀剣では、古刀から新刀へ

などがその主なものである。

3、技量や技法に抜群で、しかも人間的に卓越した流祖（のちに家元化する）の

出現によって、その武術領域内での①工夫創意②合理化と理論化③独自性の昂揚④宣伝と時代のニーズとの一致をみると、ここに武術の流派成立の基礎が出来上がる。

この流祖なるものは、次の条件でその存在価値が認められた。

①流祖の統率力と組織力。

②流儀内容の社会性と実利性。これには先見性と教化力を必要とした。

③古い伝統を、誇大と思われるくらいに継承し、しかも新鮮味を盛り込む能力をもった。

④宗教的（信仰的）傾向の織り込み。道義は宗教によってその大部分を維持していたからでもあるが、その具体的研究の結果は次のように濃厚である。

○念流流祖の慈恩が修行した遊行寺・寿福寺・安楽寺（筑紫）・長福寺との関わりから、念流の仏教が想定される。

○陰流の祖、愛洲《あいす》移香《いこう》は遊行の末に日向の鵜戸大権現で流派を開創したとされることから、その修験行者的傾向が確認される。

○神道流の飯野家直と香取大明神。

○神道流の松本政信や塚原高幹と鹿島大明神の関わりには神道色が濃い。
○新陰流の上泉信綱と西林寺（前橋）や清剛寺（姫路）の関わりは仏教が否定出来ない。
○示現流の東郷重位《とうごうしげかた》と天寧寺善吉和尚（京都）でも仏教色が濃く、しかも「示現」は観音経の『示現神通力』からとったとされている。
○竹内流柔術の竹内久盛と作州三の宮。
○居合術の林崎重信と椎岡明神（山形）。
○居合術の片山久安と愛宕大明神。
など、源流とされるこれらの流派に一致している信仰が偶然ではないことが分かる。

4、武術流派の維持と永続には、流祖の先見性を護持した高弟の力量と献身がなければならず、この高弟グループからは分派して新流を樹てることが多かったが、この分派後も、概しては源流を損なうことは少なかった。

5、流祖を社会的立場から類型化すると次のごとくである

①戦場の武将ではなく、戦場を捨てた隠遁的生活を求めた人物であること。
入道名や斎名《いっきな》を誇称し、受領名《ずりょうな》をうける身分の者で、全国を巡遊する

などの行動の自由を求めた。
②広範囲な廻国をしていることは、新知識の獲得には旅が唯一のものであったことにもよるが、なかには大陸と交流した流祖も認められる。
十六世紀中葉の明の『武備志』と陰流、江戸時代初期の陳元贇《ちんげんびん》と柔術流派は、その代表的なものである。
③関東諸流の神道的傾向と関西の仏教的傾向に大別し得るが、概して密教的性格を否むことができない。
④以上のような類型からか、流祖の末路は定かでなく、殊にその最期は全く摑み得ないのが普通である。これが明らかになるのは江戸時代に入ってからとしてよく、ここに流祖の仙人化（道教の神仙思想）の実践説を生む基礎がある。

（５）弓術と修験道

弓術は他に先んじて流派化したこともあって、その流派内容には儀礼化・卜占化・禁厭化などの傾向が目立つ。小笠原流はもともと弓馬の家であったが、今では弓術や馬術よりも礼法や故実の家となっている。

その小笠原流弓術の伝書に『鳴弦式之次第』なるものがあるので妙出することにする。

鳴弦式之次第

一　壇に八幡と念じて弓を供え　供じ物有り　則（ち）其身も神体の心……口伝
一　……弓丈しざり畏り護身法九字を切り……口伝
中膝にて南無摩利支天と三辺唱へ……右を跪き九万八千の軍神眷属と三辺唱え
弦打一つ……
一　矢払ひ　ヅチャウキヤヅカンマンと唱へ……三度払ひ申侯……口伝
七五三と弦打して本覚法身本有如来　不落因果不昧因果　一基両基千情万福
南無八幡大菩薩　南無四大天王……

また、同流の『四寸之鳴弦之事』にも、

一　右の梵字を礼の如くにかきて……
一　矢はらいのとき右の呪文を唱へ　矢にてはらい申すこと三辺

などの条があって〝護身法の口伝〟をもつことから、これは明らかに山伏の儀礼様式の移行とみてもよいようである。

「南無八幡」とか「南無三宝」という文言の伝唱は、このような中世社会に日常化した慣行と認められるばかりでなく、節度節度には「九字を切る」ことがそのまま護身法＝武術に徹したことも察知される。「九字」は前述のようにいわゆる臨　兵　闘　者　皆　陣　列　在　前の九字であるが、このことが伝書として残ることに、修験道と密着した弓術の内容を知らされる思いがする。

(6)　剣術にみる修験道

剣術も弓術に次いで古く流派化したが、その流派の数では武道領域中の最大を占めている。それらの流派のうちから修験道内容の顕著なものを抽出すると次のごとくである。

◎新陰流の伝書には「かくしことば」、「隠語」などとしてあるのは修験道用語である場合が多く、密教用語もある。列挙すると手宇種裏剣または種宇手利剣など。

九字の沙汰之事

種宇という習いの心得　九字之大事として真言の秘法にあり

この九字にひとついれて十字也　よこ　五つ　たて五つ也　というは　十の字

十字也
眼耳鼻舌身意の義　色声香味触にあて
身口意の三業平等にして一心みだれず是を三密平等という
真言不審観受除無明と言う語也。
◎一刀流では卍《まんじ》が重要なものとして多くの伝書に記載されていて注目されている。
向満字　横満字　仏典に万の字とあり
一つになりて〝一之太刀〟に極まる
◎心形刀流では松浦静山が『剣攷』に次のような表現で剣理を伝えようとしたのが目立っている。
一、念仏　　二、摩利支天　　三、心刀……
一には至誠心　　二には信心　　三には回向発願心……
◎タイ捨流伝書のなかの『風勢剣』には、
茲に又有地水火之間　味三大世界哀愁……
此道に伝事　偏に麻利支尊天奇瑞新たなる所也　真言に言う　オンアビヤマリシソ
ワカ　縦（たとえ）雖荷千金於真実志者不可伝也
麻利支尊天之禁制

一、押他流事　　一、懸仕合　　一、打木刀事
一、酒赦心事　　一、児女赦心事

◎二天一流の宮本武蔵はその著『五輪書』を地水火風空の五大になぞらえていることはよく知られている。

◎山田次朗吉はその著『武道流祖録』に、

念流は上坂半左衛門安久という者　始め斎家の禅僧也と　正法念流未来記兵法と称す　奥山念流は安久より三代　光明院行海俗名飯野宗正といえる僧の一派也と述べ

また東軍流に及んでは、東軍流は、天台山の東軍僧正をもって流祖とす

その川崎幸盛は越前の人にして白雲山（妙義山）の神に折り妙旨を覚る……

など、流祖即修験者とさえ思わせる記述を連ねている。

この流祖の傾向は、その斎名《いつきな》や入道名の拡がりが武術全般に共通しているのも注目してよかろう。その代表的なものは若干を挙げることにとどめることにする。

一刀流の伊東一刀斎景久
新陰流の柳生石舟斎宗厳《むねよし》と蓮也《れんや》斎《さい》厳包《としかね》
戸田流の自斎清玄

宮本武蔵の父新免無二斎
南部宝蔵院流直伝の渋江小平次入道道無　同入道元空　同入道沙翁など。
捕手の天下夢想微塵流の相伝系譜に著しい修験道色。
一例は次のようになっている。……
愛宕山大権現
常陸国　神元宮内蒸
常陸国　神元宮甚内
京三条　天下無二之助
下総国　難波一甫
大和国　大泉坊
信濃国　神官寺主計頭
肥前国　荒木九郎兵衛
同国　重松神左エ門

(7) 武術流派成立にかかわる啓示と修験道

中世までのわが国の社会秩序が、武力と宗教の道義によって保たれたことは否定出来ないから、武術の流派に宗教性を持つものは不思議ではないとして、その成立過程を探求することも重要な課題である。流派の成立が宗教へと止揚し、それが信仰域に定着すると武術は明らかに武道域に達したとみてよい。

このような成立過程を、次のいくつかの事例をもって比定してみることにする。

1、流祖の廻国修行傾向

報道機関の皆無な中世までの知識は天下遊行に勝るものはなかったが、代表的流祖の足跡は驚異的な広域にわたり、なかには、その終生が旅の連続ではなかったかと思われる場合もある。

これから挙げる流祖は前述と重複するが、これらはわが国の武術に貴重な存在のために、敢えて再考の資料とする。

○念流の祖とされる僧慈恩

伝えるところでは奥州相馬の出身で相馬四郎義元といい、臨済僧となって念阿弥慈恩を称したとされている。十四世紀の中葉、少年にして京に出て洛外鞍馬寺で異人―天狗になぞらえるから山伏である可能性が大―に剣法を承け、爾後は僧慈恩として鎌倉の寿福寺の神僧―これも山伏か?―に秘伝を受けて筑紫の安楽寺（大宰府）で奥義を極めたという。

この信憑性は別にしても、当時の政治・文化の要所要所を廻国遊行したことは、修行内容の充実を裏づけしているとみてよい。

晩年は信州伊那に長福寺を開山し摩利支天を拝して自らを「念大和尚」と称したという。念流というのは、この段階での念呪信仰と武技の宗派的なものであったものから、のちに剣術流派名に鈍化したものと思われる。念流の成立を応永年間の中頃（十五世紀）、慈恩が六十歳の頃とされる。

○陰流の祖、愛洲移香

これも拠るところの信憑性には欠くところがあるが、移香斎は伊勢の国の出身とされている。諸国修行の末に日向（宮崎県）の鵜戸大権現に止揚、その窟（鵜戸神宮社殿のあるところ）で苦行して、蜘蛛の糸に垂れる様態から陰流の奥義を得たとされる。

鵜戸の窟一帯も修験道の霊域であり、芥川龍之介の「蜘蛛の糸」ではないが、そこは俗界と冥界・修羅界と天上界の摂理を覚るには、条件に事欠かない環境である。陰流の陰は単に陰陽の物理的な陰ではなく、微妙な働きをもたせた心理的な陰であるという。

中国の明に影響し、それがまたわが国につたえられたというのも、この陰(影)流は、刀槍にわたる上泉信綱の新陰流となって大成した。世に言う柳生流もその一つの流れである。

○新陰流の上泉信綱

関東箕輪城の武将であった信綱は、武田信玄に破れてから全国行脚して多くの門弟を得たというから、その人物が逸材で魅力ある武芸者であったことが分かる。この上泉信綱に限っては信頼出来る文献があり、京都を二回にわたって訪ねたことを山科言継は『言継卿記』に具体的に示してある。『後鑑』には元亀元年(一五七〇)上泉信綱を従四位下に叙し、伊勢守を受領したことなどまで述べている。

上泉新陰流には、この間に柳生宗厳や宝蔵胤栄をはじめ、疋田景兼(豊五郎・栖雲斎)やタイ捨流の丸目長恵(蔵人・徹斎)その他の門人に恵まれ、殊に柳生家新陰流は徳川四代にわたる御流兵法となって江戸時代を飾った。

丸目蔵人長恵は肥後(熊本県)人吉の出身であったため、そのタイ捨流は九州によく弘流している。

新陰流の系譜では、必ず上泉信綱をものものしく首書する慣行も、その流祖として偉大さを示しているとしてよかろう。

○示現流の東郷重位

東郷重位もはじめタイ捨流を学んだとされるが、丸目長恵の人吉と東郷重位の薩摩と地理的に近距離であることからは、当然のように思われる。ところが、東郷重位におけるタイ捨流から示現流への飛躍には、京都の万松山天寧寺における善吉和尚との接触が必要であった。善吉和尚の啓示は薩摩独自の剣風をつくりあげたばかりではなく、東郷一族の和歌の素養も豊かにした。示現流という名称も観音経の「示現神通力」を希求して名付けたという。

それよりも、「薩摩の初太刀」と恐れられ、西南の役では官軍がその夜襲切り込みに戦慄したというのも、実はこの東郷重位の善吉和尚からえた一撃一殺の剣に拠るものであった。

○新当流の塚原高幹

卜傳という名で巷間に著名であるが、鹿島神伝の松本攻元（備前守）も共に、もとは神刀流（神道流）の流れである。鹿島・香取両武神の感応と啓示によるもので、関東八流の一大武芸圏をつくって、その流派も綾織のように交錯したものとなっている。

天文から永禄にかけての十六世紀中葉は、これら著名武芸者が脚光を浴びた時代であり、守護大名・国持大名・野望豪族は競って強力な武芸者を厚遇した。このために塚原卜伝は大名にも劣らぬ豪華な旅の行列をした記述が残っている。この大デモンストレーションの効果かどうか北畠具教や細川藤孝などの名門も塚原卜伝の門下となったことがつたえられていて、武術流派が社会的に尊大な地位をつくりだしたこととして注目してよい。ということは、それまでの武芸者はまだまだ社会的には下積みの層に在ったということでもあった。

（三）武道の流派

武道の流派は頗る多く、徳川の中期頃には殆ど二百以上に達したのであるが、大正五年武徳会主催の下に各流派の大家を集めて其の業の粋を集め、大日本帝国剣道形を制定せられ、其の形の流布と共に茲に帝国剣道が始めて統一せられたのである。今左に過去の流派の主なる系図を示そう。

天眞正傳神道流

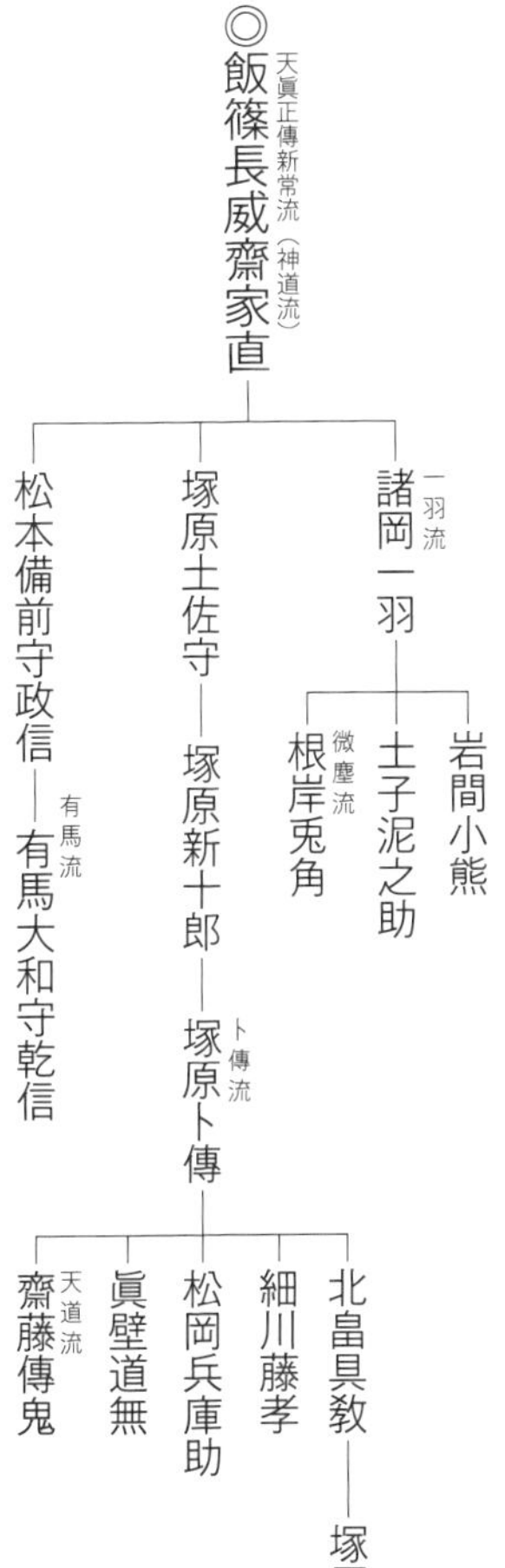

新影流

愛州陰流（影流）
◎愛州移香（惟孝）―愛州惟修（小七郎）―上泉伊勢守秀綱 新影流（大胡武蔵守信綱）

上泉伊勢守秀綱 門下
- 神後伊豆守
- 疋田文五郎（疋田影流）
  - 山田浮月斎
  - 中井新八
  - 上野左右馬助
- 柳生但馬守宗厳（柳生新陰流）
  - 又右衛門尉宗矩
  - 利厳（尾張）
- 丸目蔵人鐵斎（薪陰體捨流）
- 奥山孫次郎公重―小笠原長治（眞新陰流）
- 西一頓源商乘―山北三藏

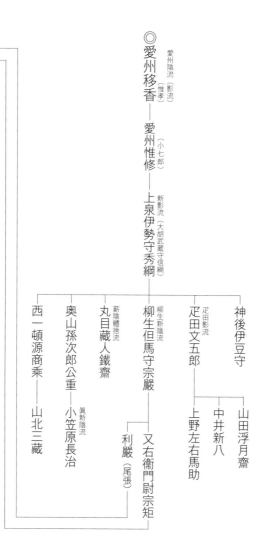

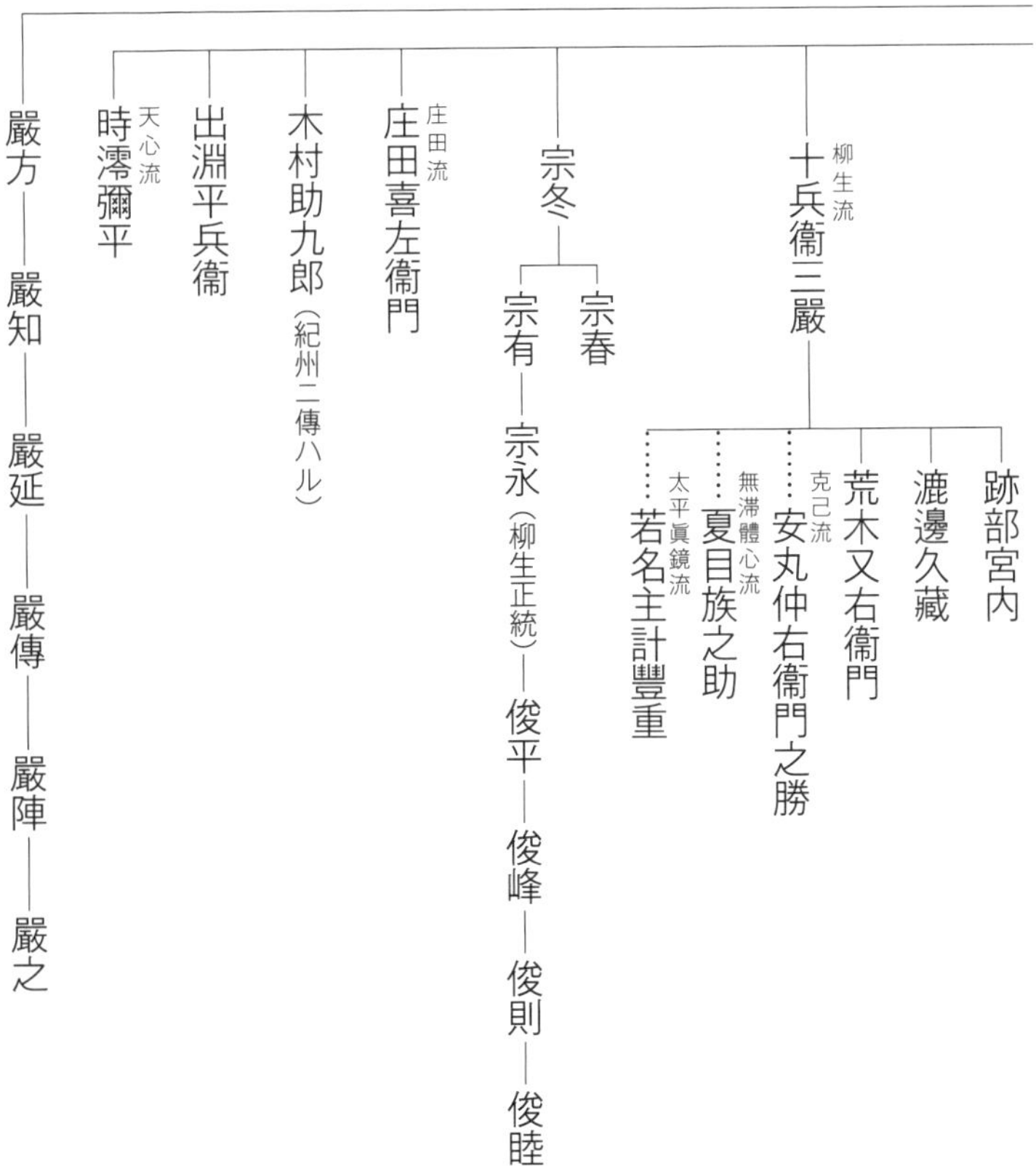
柳生流
十兵衛三厳
跡部宮内
渡邊久藏
荒木又右衛門
克己流
安丸仲右衛門之勝
無滞體心流
夏目族之助
太平眞鏡流
若名主計豐重
宗冬
宗春
宗有
宗永（柳生正統）
俊平
俊峰
俊則
俊睦
庄田流
庄田喜左衛門
木村助九郎（紀州ニ傳ハル）
出淵平兵衛
天心流
時澪彌平
嚴方
嚴知
嚴延
嚴傳
嚴陣
嚴之

中條流・富田流・一刀流

- ◎相州鎌倉地福寺僧慈音
  - 中條流　中條兵庫助長秀 ― 甲斐豊前守 ― 大橋勘解由左衛門
    - 富田家祖　富田九郎左衛門長家 ― 同治部左衛門景家
      - 同五郎左衛門（入道勢源）
      - 同治部左衛門景政
        - 富田流　同越後守重政
          - 同主計
          - 同越後守重康
          - 同主計宗高
          - 一放流　同一放
          - ……無海道　無一坊海圓
        - 山崎左近将監
        - 長谷川流　長谷川宗喜
        - 鐘捲流　鐘捲自斎 ― 一刀流　伊藤一刀斎
          - 神子上典膳（小野次郎右衛門忠明）
          - 古藤田勘解由左衛門

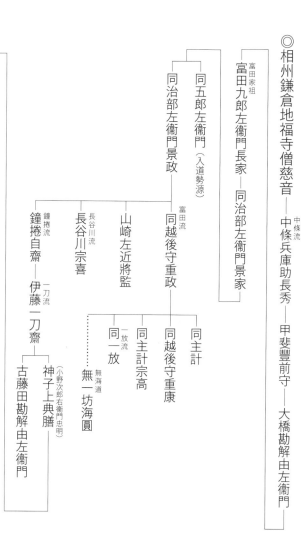

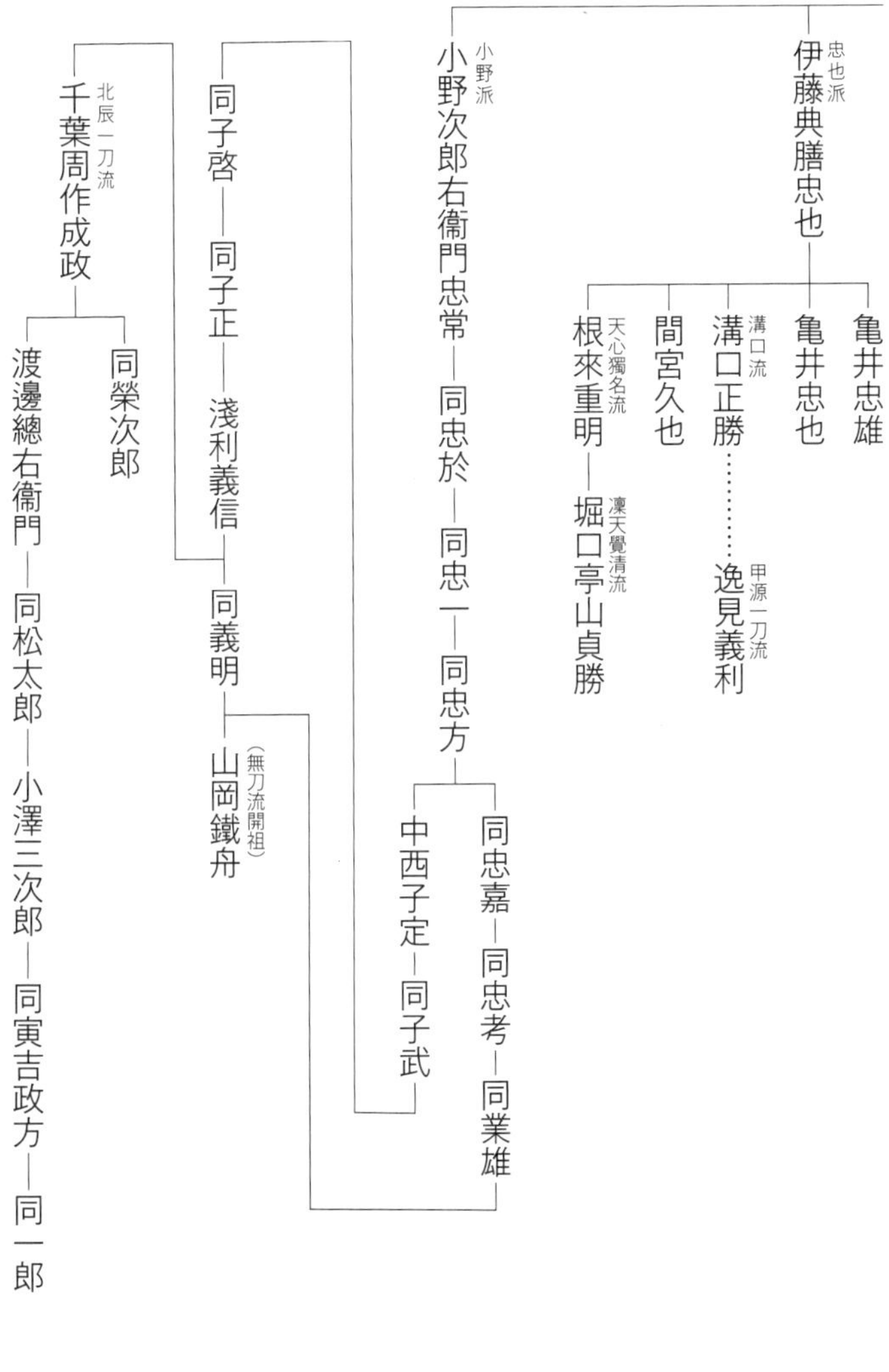
忠也派
伊藤典膳忠也
亀井忠雄
亀井忠也
溝口流
溝口正勝
甲源一刀流
逸見義利
間宮久也
天心獨名流
根來重明
凜天覺清流
堀口亭山貞勝
小野派
小野次郎右衛門忠常
同忠於
同忠一
同忠方
同忠嘉
同忠考
同業雄
中西子定
同子武
同子啓
同子正
淺利義信
同義明
山岡鐵舟
（無刀流開祖）
北辰一刀流
千葉周作成政
同榮次郎
渡邊總右衛門
同松太郎
小澤三次郎
同寅吉政方
同一郎

二刀流

◎宮本武蔵（二天一流）

- 宮本伊織（小倉ニ傳ハル）
- 寺尾孫之丞勝信
- 寺尾信行
  - （寺尾孫之丞勝信・寺尾信行）— 新免辨助 — 村上平内正緒
    - 同平内正勝 — 長尾徒山 — 高田十兵衛
    - 同八郎右衛門 — 同大右衛門 — 同貞助
      - （高田十兵衛・同貞助）— 井田仁九郎 — 曾根權三郎
      - （高田十兵衛・同貞助）— 牧次郎左衛門 — 財津久左衛門 — 村上六右衛門
- 青木城右衛門（鐵人）— 盛次（山田左近大夫）
  - 横山平兵衛 — 加藤信勝 — 松井親重（松井二刀一刀元祖）
  - 鈴木景忠
- 讃岐 竹村與右衛門（頼角）
  - 林資龍 — 八田知義（圓流開組）— 左右田武助
  - 彦坂忠重
  - 福宮親茂

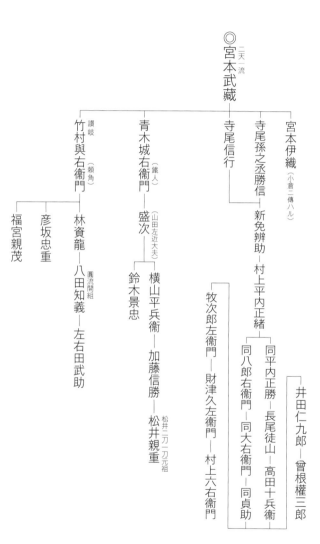

(四) むすび

以上の流祖の例をみても、神慮仏意の啓示や霊域の感応などによって流派を創成したと言える。換言すると、その修行の極地が俗塵を離れた山岳や霊地であることを必要とし、大自然との融合する境地は山林抖擻を本来の修行とする修験者の再生と別のものではなかったのである。大自然に学び、天地の間に啓示されるという立場は、宮本武蔵が『独行道』に書き残されている。「神仏貴し、神仏をたのまず」とか、『五輪書』の地之巻に「我に師匠なし」とした自戒と比較しても興味のある境地である。心技体にわたって濃縮された極地や切羽詰まった人間の極限では、武道界も宗教界もその境界はないのではないか。

かつて曩祖智証大師は、承和十二年（八四五）に役行者の跡を辿って大峯・葛城の険阻を攀じ登り、熊野三山の幽深を跋渉されて、今日の三井修験道に至っている。それから数えて今年は最も輝かしい勝縁の一一六〇年目を迎える。

まさに、智証大師の入峰修行に始まり、増誉長吏の時寛治四年（一〇九〇）に白河法王の熊野御幸を先達し、その恩賞として熊野三山検校の職に補せられ、行尊に至って集団入峰の風が起こったという。また園城寺は、円・密・修験の三道融会をかかげる三井修験道の根本道場となったのである。

その後、南奥駈修行が戦後暫く途絶えていたが、昭和五十年五月、福家俊明長吏猊下の発願によって熊野大峯順峰七十五靡奥駈修行が復興されて以来、まさしく勝縁の三十周年記念の年を迎え、御同慶の至りである。

古を尋ねれば、武道も修験道から分化独立した流祖達によって、武道流派の創成後、各独自の発展形態を遂げてきたものである。今回の奉納演武は奇しくも、総本山三井修験道と浅からぬ縁に彩られて、現代に甦ったものといえる。

従って、今回の大峯順峰七十五靡奥駈修行復興三十周年記念の奉納演武は、総本山三井寺こそ、最も相応しい本来の姿にかえった修験道（武道も含む）の根本道場である。

尚、奉納演武団体は、この意義深き尊い歴史の厳かなる勝縁に立ち会うということである。まさに文字通りの千載一遇の好機であり、心身の引き締まる思いである。

元より奉納演武は、夫々の武道流派が生死を懸けて守り伝承してきたその流儀に則り、又修験道の教義等に依拠しながら、今日の流派発展があることを肝に銘じると共に、その流祖達が、かつて修験道に学んだ頃の古の〝神慮仏意の志〟を偲びながら、謹んで奉納させて戴く所存である。

平成十六年四月十一日

熊野大峯順峰七十五靡奥駈修行復興三十周年記念太刀奉納及び奉納演武

世話人代表　旧柳河藩景流居合保存会会長　吉　開　賢　淳

参考文献

『修験道と民俗』　戸川安章著　岩崎美術社　昭和五十七年十一月刊。

『山岳修験創刊号』中、「武道と修験道」　黒木俊弘　山岳修験学会誌　名著出版　昭和六十年九月刊。

『佛に出会う』　吉開賢淳著　旭プリント出版　平成十一年三月刊。

「兵法九字之大事」の資料提供　松本稔行氏（郷土史研究家）

『柳川郷土研究会誌・瓦版八号』中、「行道記・熊野大峯順峯七十五靡奥駈修行復興二十五周年記念」　吉開賢淳　柳川郷土研究会発行　平成十三年五月刊。

『園城寺文書』・補録第十巻（園城寺所蔵）。

『改訂帝国剣道教本』　武道専門学校教授剣道範士小川金之助　文部省要目準拠　星野書店蔵版　昭和十二年二月一日発行

その他。

五　太刀奉納及び奉納演武式次第

（熊野大峯順峰七十五靡奥駈修行復興三十周年記念に当たり）

期日　平成十六年四月十一日（日）午前十時（雨天決行）
会場　園城寺金堂御宝前　於白洲
司会　旧柳河藩景流居合保存会副会長　園田昭一

一、長吏猊下入場（整列後、起立・総礼、先奉納参加団体、次総本山園城寺、次長吏猊下）
一、開会の辞　新宮山彦ぐるーぷ世話人代表　玉岡憲明
一、太刀奉納（刃渡り三尺七寸二分、銘文・肥前国住人一吉作）
　奉納者　旧柳河藩景流居合保存会会長　吉開賢淳
一、感謝状の授与　総本山園城寺長吏　福家俊明猊下
一、謝辞及び主催者挨拶　旧柳河藩景流居合保存会会長　吉開賢淳

一、園城寺長吏猊下挨拶　総本山園城寺長吏　福家俊明猊下

一、奉納儀式

（一）法弓の儀　佐賀県弓道連盟会長　白濱信之

（二）法剣の儀　無双直伝英信流滋賀居合道友会会長　佐々木俊岳

（三）法螺の儀　天台寺門宗法螺師（晃恩寺住職）　服部賢秀

一、奉納演武

（一）鹿嶋神伝直心影流法定（持ち時間約十三分）（代表者　信夫息游）

（二）無双直伝英信流居合（持ち時間約十三分）（代表者　佐々木俊岳）

（三）旧柳河藩景流居合（持ち時間約五分）（代表者　吉開賢淳）

一、閉会の辞　天台寺門宗法螺師（日光恩寺住職）　服部賢秀

長吏猊下出場（先長吏猊下、次総本山園城寺、次奉納参加団体、整列後、起立・総礼）

尚、閉会後記念撮影（担当・総本山園城寺及び無双直伝英信流居合）

六　感謝状及び記念写真

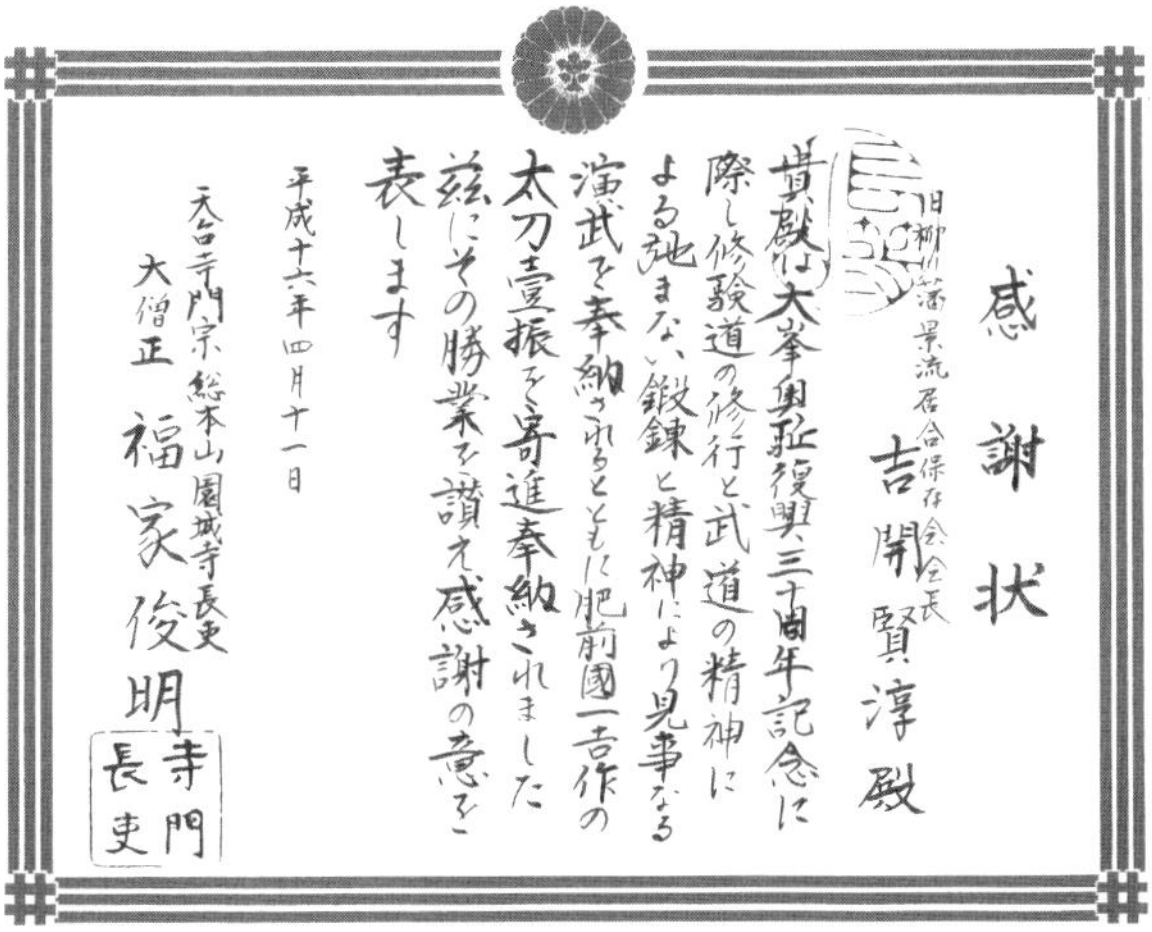
感謝状

旧柳川藩景流居合保存会会長
吉開賢淳殿

貴殿は大峯奥駈復興三十周年記念に
際し修験道の修行と武道の精神に
よる弛まない鍛錬と精神により見事なる
演武を奉納されるとともに肥前國一吉作の
太刀壹振を寄進奉納されました
茲にその勝業を讃え感謝の意を
表します

平成十六年四月十一日

天台寺門宗総本山園城寺長吏
大僧正　福家俊明

寺門長吏

感謝状（各奉納演武団体に受与される）

熊野大峯順峰七十五靡奥駈修行復興三十周年記念　太刀奉納及び演武式

七　謝辞及び主催者挨拶

今般、熊野大峯順峰七十五靡奥駈修行復興三十周年記念に当たり、太刀奉納を行いました処、福家俊明猊下より心温まる感謝状を授与賜り、誠に身に余る光栄に存じ、衷心より御礼申し上げます。

誠に僭越ではありますが、奉納団体を代表して、一言御礼並びに御挨拶を申し上げます。

かつて曩祖智証大師は、承和十二年（八四五）の春、役行者の跡を辿って大峯・葛城の険阻を攀じ登り、熊野三山の幽深を跋渉されて、今日の三井修験道に至っておりますが、それから数えて今年は最も輝かしい最勝の一一六〇年目を迎えます。

殊に、昭和五十年五月、福家管長猊下の発願によって熊野大峯順峰七十五靡奥駈修行が復興されて以来、まさしく今年は、その勝縁の三十周年記念を迎えます。

管長猊下は、その南奥駈を余人に先駆けて復興されております。その復興は多くの修験団体が待ちに待った復興であり、本宗にとっても、また他宗派にとっても、輝かしい誇りであると同時に、管長猊下の大きな業績の一つであります。

誠にご同慶の至りであり、改めて、心から御祝い申し上げます。

古を訪ねれば、武道も修験道から分化独立した流祖たちによって武道流派の創立後、各独自の発展形態を遂げてきたものであります。今回の奉納演武は奇しくも、三井修験道と浅からぬ縁に彩られて、現代に甦ったものであります。

従って、今回の奥駈修行復興三十周年記念の奉納演武は、総本山三井寺こそ、最も相応しい本来の姿にかえった修験道（武道も含む）の根本道場であります。

御参会の皆様は、この意義深き尊い歴史の厳かなる勝縁に立ち会うということであります。まさに文字通りの千載一遇の好機であり、身の引き締まる思いであります。

元より奉納演武は、夫々の武道流派が生死を懸けて守り伝承してきた、その流儀に則り、また修験道の教義に依拠しながら、今日の流派発展があることを肝に銘じると共に、その流祖たちが、かつて修験道に学んだ頃の古の〝神慮仏意の志〟を偲びながら、謹んで奉納させて戴く所存であります。

最後になりましたが、天台寺門宗並びに総本山三井寺の今後益々の発展ご活躍を心より祈念申し上げます。また遠路を厭わず、お出で戴きました諸団体を始め、多くの皆様に対して、神仏のご加護がありますよう、心からお祈り申し上げる次第であります。

平成十六年四月十一日

熊野大峯順峰七十五靡奥駈修行復興三十周年記念太刀奉納及び奉納演武

世話人代表　旧柳河藩景流居合保存会会長　吉　開　賢　淳

八　奉納演武団体等直会次第

（熊野大峯順峰七十五靡奥駈修行復興三十周年記念に当たり）

期日　平成十六年四月十一日（日）正午より二時まで
会場　園城寺大門（仁王門）前、レストラン「風月」二階
司会　旧柳河藩景流居合保存会副会長　園田昭一

一、開会の辞　佐賀県弓道連盟会長　白濱信之
一、世話人代表挨拶　旧柳河藩景流居合保存会会長　吉開賢淳
一、園城寺長吏猊下挨拶　総本山園城寺長吏　福家俊明猊下
一、乾　杯　新宮山彦ぐるーぷ世話人代表　玉岡憲明
一、宴　会
一、自己紹介　総本山園城寺長老（水観寺住職）　福家英明
総本山園城寺長老（法明院住職）　滋野敬淳
天台寺門宗修験道部長（大徳院住職）　座間光覚

一、万歳三唱
一、閉会の辞

総本山園城寺（微妙寺住職）　萩原芳定
総本山園城寺（近松寺住職）　福家俊彦
総本山園城寺（龍泉院住職）　福家紀明
総本山園城寺（善法院住職）　滋野敬宣
総本山園城寺（妙厳院住職）　梅村敏明
柳川郷土研究会会長　武松　豊
佐賀県弓道連盟会長　白濱信之
天台寺門宗法螺師（晃恩寺住職）　服部賢秀
礎之会初代代表　信夫息游
無双直伝英信流滋賀居合道友会会長　佐々木俊岳
新宮山彦ぐるーぷ世話人代表　玉岡憲明
龍樹院住職　尾関光詮
礎之会初代代表　信夫息游
無双直伝英信流滋賀居合道友会会長　佐々木俊岳

九　あとがき

一九八二年天台寺門宗九州別院にて出家。一九八七年加行授戒。同年同宗末千乗院住職。

一九九九年自費出版『佛に出会う』（宗教論文三十本以上）を出版する。

二〇〇〇年『熊野大峯順峰七十五靡奥駈修行復興二十五周年記念入峰（苦行の末満行』（単独行）は、天台寺門宗では誰も踏破した者はおらず、始まって以来の初の実践記録となった。よって、二〇〇二年『佛に出会う』と『熊野大峯順峰七十五靡奥駈修行復興二十五周年記念入峰満行』等の実践活動が本宗に認められることになった。また、この二つの実践活動は福家俊明管長猊下の理念・理想に最も近いものであったことから、本宗の教師が見習うべき模範とされることになった。更に、新宮山彦ぐるーぷ代表玉岡憲明氏の話によると、大峯山への案内依頼があった時、関係県及び市町村から『修験道の山として世界遺産登録に際して』、どういう修行をしているかということで私の『奥駈記』が関係県及び市町村に配られて、こういう修行をしているという資料として実地調査が行われ、その後無事に世界遺産に登録されたという。

以上の実績が高く評価されその結果、管長猊下より審理局委員と宗会議員（特任）に推輓されることになった。しかし、宗会議員については、本行院から何の権限も持たない、しかも宗の権限組織に疎い不慣れな私に直接反対があった。今、考えると御門違いであり、反対するなら権限を有する管長猊下に直接言うべき所である。即ち、管長猊下の「選任事項であり、誰からも言われる所はないので、自分が話をする」と仰せであったが、管長猊下にお願いとお許しを得て所属内の融和を図るため辞退する。二〇〇二年天台寺門宗審理局委員、法螺師。二〇〇四年正先達。二〇一五年権僧正。二〇二三年僧正。

旧柳河藩景流居合保存会会長。一九九二年教士七段（全日本刀道連盟）。二〇二三年範士八段（全日本刀道連盟総会にて授与さる）。白秋会特別会員（北原白秋が詩人として立つ決意を固めた動機の一つにもなった亡き親友中島白雨（鎮夫）のために詠んだ詩『たんぽぽ』、彼は独学でロシヤ語を学んでいたことからスパイと疑われ日露戦争勃発直後に十七歳で自殺した。その没後百年を記念して、詩碑を古賀強氏と中心となって建立する）。能面師（能楽師『観世流シテ方準職分森本哲郎先生』に使って貰うため長年精進してきたが、能面師匠深野耕深先生の死去により、方向転換して特に世話になった方々に能面を贈る）。

二〇二三年四月柳川市蒲池老人クラブ連合会会長（現在、コミュニティーへの恩返しとして『在宅で百歳まで介護ゼロを目指して』に活動中である）。

最後に、文芸社の編集部分室副主任竹内明子氏には、出版に際して大変お世話になりました。

また、カバーや帯のデザインなど立派に作成いただきましたので、それぞれの部署の皆様にも感謝いたします。

本の定価についても儲ける必要はなく、出来るだけ安くして戴きました。私も数え八十五歳となり、いよいよ死に頃合となりました。この上は、冥途に持って行く所もありません。

願わくば、一人でも多くの方に読んで戴き、これまで実践して来たことが、少しでも今後のお役に立てばと存じます。

まして佛陀が申される「佛教の目的は今生に於いて覚りを開くことである」と言われるように覚者が出られることを願うばかりであります。

改めて今回の出版に際して、関係各位の健康と長寿を祈願し、衷心より厚く御礼申し上げます。

著者プロフィール

吉開 賢淳（よしかい けんじゅん）

1939 年山口県宇部市生まれ。福岡県立伝習館高校卒業、福岡大学商学部卒業、佛教大学文学部・卒論のみを残して中退。
1962 年柳川市役所奉職、教育委員会・社会教育課長、福祉事務所長、市民課長、市民部長を最後に若者の活躍や活性化を図るため 1998 年定年を待たずに退職。
現在、医王山千乗院住職。
著書として、『佛に出会う』1999 年発行（国立国会図書館に寄贈）。

伝えたい　ザ・修験道

2023年12月15日　初版第１刷発行

著　者　吉開 賢淳
発行者　瓜谷 綱延
発行所　株式会社文芸社
〒160-0022　東京都新宿区新宿1－10－1
電話　03-5369-3060（代表）
03-5369-2299（販売）

印刷所　株式会社フクイン

ISBN978-4-286-24638-3